시턴
동물
이야기
①

시턴 동물 이야기 ①

어니스트 톰프슨 시턴 글·그림 ― 윤소영 옮김

사□계절

■ 일러두기

1. 「고독한 늑대왕의 비장한 최후」, 「내가 사랑한 개 빙고」는 1898년 출간된 *Wild Animals I have known* 초판을 완역했습니다.
2. 「열 마리 새끼쇠오리의 목숨을 건 여행」, 「코요테의 정신적 지주 티토」는 1901년 출간된 *Lives of the Hunted* 초판을 완역했습니다.
3. 「소문난 개구쟁이 웨이앗차」는 1916년 출간된 *Wild Animals Ways* 초판을 완역했습니다.

차례

고독한 늑대왕 로보의 비장한 최후 • 7

코요테의 정신적 지주 티토 • 43

소문난 개구쟁이 웨이앗차 • 125

열 마리 새끼쇠오리의 목숨을 건 여행 • 167

내가 사랑한 개 빙고 • 185

시턴의 삶 • 221

옮긴이의 말 • 230

고독한 늑대왕 로보의 비장한 최후

1

미국 뉴멕시코 주 북부의 커럼포 지역은 드넓은 목축 지대이다. 그곳에는 많은 소와 양 떼가 풀을 뜯는 비옥한 목초지를 배경으로, 꼭대기가 평평하고 주위가 급경사를 이룬 메사(꼭대기가 평평하고 주위가 급경사를 이룬 탁자 모양의 지형. 메사는 에스파냐 어로 '탁자'라는 뜻:옮긴이)가 군데군데 솟아 있다. 귀한 물줄기들은 이리저리 흩어져 흐르다가 하나가 되어 커럼포 강을 이룬다. '커럼포'라는 지명은 이 강의 이름에서 따온 것이다. 그리고 그 광활한 지역에서 절대 권력을 휘두르는 왕이 있었으니, 바로 나이 많은 회색 늑대였다.

멕시코 사람들은 그 늙은 늑대를 '늙은 로보'(로보는 멕시코 사람들이 사용하는 에스파냐 어로 '늑대'라는 뜻:옮긴이)라고 불렀다. 늙은 로보는 몸집이 거대해서 어디서나 눈에 띄었다. 커럼포 강 유역에서는 벌써 여러 해 동안 로보 무리가 약탈을 일삼고 있었기 때문에, 그 지역의 양치기와 목장 주인들은 너나없이 녀석을 잘 알고 있었다. 로보가 충성스러운 부하들을 이끌고 나타나는 곳마다 소 떼는 극심한 공포에 휩싸였고, 목장 주인들은 분노와 절망을 맛보아야 했다. 늑대왕 로보는 늑대 중에서도 몸집이 매우 컸으며, 덩치 못지않게 힘이 세고 심지어 교활하기까지 했다.

쩌렁쩌렁 울리는 로보의 목소리는 다른 늑대의 목소리와 쉽게 구별되어서, 한밤중에 녀석이 으르렁거리면 누구라도 금세 로보라는 것을 알 수 있었다. 여느 늑대의 울음소리가 야영지 부근에서 밤새도록 들려와도, 목동들은 잠깐 주의를 기울이다 말았다. 하지만 늑대왕의 쩌렁거리는 소리가 골짜기에 울려 퍼지면, 목동들은 정신을 바짝 차리고 마음의 준비를 단단히 해야 했다. 이튿날 아침이면 간밤에 공격을 당한 소 떼의 처참한 모습이 눈앞에 펼쳐져 있곤 했던 것이다.

로보가 이끄는 늑대는 수가 적었다. 나는 이 점이 언뜻 이해되지 않았다. 로보 같은 힘과 권위를 지닌 늑대라면 보통 수많은 부하를 거느리기 때문이다. 로보 자신이 더 많은 부하를 원하지 않았거나, 녀석의 포악한 성질 때문에 따르는 무리가 더 늘지 않았으리라고 추측할 뿐이다. 어쨌든 늑대왕 로보가 늙어 가던 시기부터는 줄곧 다섯 부하만이 로보 곁을 지켰던 것이 분명하다. 그 다섯 부하도 저마다 유명한 늑대들이었다. 그 녀석들 대부분은 여느 늑대보다 몸집이 컸는데, 특히 로보 다음 서열을 차지한 늑대는 정말 몸집이 컸다. 물론 로보에 비하면 덩치로 보나 능력으로 보나 한참 뒤처진 것이 사실이지만.

이 두 늑대 말고도 눈길을 끄는 녀석들이 있었는데, 그중 하나는 아름다운 흰 늑대였다. 멕시코 사람들은 그 늑대를 블랑카(블랑카는 에스파냐 어로 하얗다는 뜻:옮긴이)라고 불렀다. 블랑카는 암늑대로 로보의 짝인 것 같았다. 다른 하나는 놀랄 만큼 날렵한 누런 늑대인데, 소문에 따르면 이 늑대는 몇 번이나 영양(아메리카 대륙에 사는 영양붙이를 가리킨다. 영양붙이는 가지뿔영양·프롱혼이라고도 하는데, 아시아·아프리카에 서식하는 영양과는 다른 무리의 동물이다:옮긴이)을 잡아서 늑대 무리의 배를 채워 주었다고 한다.

로보 무리는 카우보이와 양치기들 사이에서 악명이 높았다. 녀석들은 자주 모습을 드러냈고, 울음소리는 더 자주 들렸다. 늑대와 목동, 다시 말해 가축을 공격하는 자와 지키는 자는 서로 적일 수밖에 없었다. 목동들은 기회만 있으면 늑대들을 없애려 했다. 커럼포 지방의 목장 주인들은 로보 무리 가운데 어떤 늑대든 잡아 오기만 하면 그 머리 가죽 하나에 수송아지 몇 마리는 기꺼이 보상할 준비가 되어 있었다.

그러나 늑대들은 마치 불사신처럼 자신들을 잡아 죽이려는 모든 수단을 물거품으로 만들었고 요리조리 빠져나갔다. 로보 무리는 모든 사냥꾼을 깔보고, 모든 독약을 비웃으면서, 적어도 5년 동안 커럼포의 목장 주인들에게서 강제로 제물을 거두어들였다. 들리는 이야기에 따르면, 날마다 소 한 마리를 바친 셈이라고 했다. 그렇다면 대충 계산해 보아도, 로보 무리는 2천여 마리가 넘는 소를 죽인 것이다. 게다가 녀석들은 언제나 가장 좋은 소를 골라서 죽이는 것으로 유명했다.

늑대는 늘 굶주려 있어서 무엇이든 닥치는 대로 먹는다는 말도 로보 무리에게는 들어맞지 않았다. 약탈자 로보의 무리는 늘 영양 상태가 좋아 털에 윤기가 흘렀으며, 입맛까지 꽤나 까다로웠다. 늙어 죽었거나 병든 동물은 건드리지도 않았으며, 목축업자들이 도살한 가축도 거들떠보지 않았다. 녀석들은 날마다 한 살배기 암소를 새로 잡아서 부드러운 살코기를 먹었다. 늙은 소는 쳐다보지도 않았다.

이따금 아주 어린 송아지나 망아지를 죽이기도 했지만, 송아지나 망아지 고기는 좋아하지 않는 것이 분명했다. 종종 재미 삼아 양을 죽이기는 하지만 양고기를 좋아하지 않는다는 사실도 잘 알려져 있었다. 1893년 11월 어느 날 밤에는 블랑카와 누런 늑대가 250마리나 되는 양을 죽이는 사건이 일어났다. 그렇게 많은 양을 죽이고도 고기 한 점 먹지 않은 것을 보면 확실히 재미로 죽인 모양이었다.

이 일 말고도 약탈자 로보 무리가 저지른 만행에 관한 이야기는 수없이 많다. 사람들은 로보 무리를 잡으려고 해마다 여러 가지 새로운 방법을 시도했다. 하지만 그 모든 노력은 수포로 돌아갔고, 녀석들은 보란 듯이 살아남아 약탈을 일삼았다. 로보의 목에는 큰 현상금이 걸렸다. 로보를 잡으려고 스무 가지나 되는 교묘한 방법으로 독을 사용해 보기도 했지만, 로보는 매번 독이 있다는 것을 알아냈다.

하지만 그런 로보조차 두려워하는 것이 하나 있었는데, 그것은 바로 총이었다. 커럼포 지역 사람들은 모두 총을 가지고 다녔고 로보는 그 사실을 잘 알고 있었으므로, 사람을 공격하거나 직접 맞서는 일은 한 번도 없었다. 실제로 낮 동안에는, 아무리 먼 거리에 있다 해도 사람 그림자만 보이면 무조건 도망치는 것이 로보 무리의 행동 지침이었다.

또 로보는 부하들에게 직접 죽인 사냥감만 먹게 했는데, 이런 습성 덕분에 녀석들은 몇 번이나 목숨을 구할 수 있었다. 로보는 뛰어난 후각으로 독약이나 사람의 손이 닿은 흔적을 귀신같이 알아냈기 때문에 덫과 독약을 완벽하게 피해 갈 수 있었다.

한번은 이런 일도 있었다. 로보가 제 부하들을 부르는 귀에 익은 울음소리가 들려오자, 어느 목동이 몸을 숨긴 채 소리가 난 곳으로 다가갔다. 골짜기에 모여 있는 커럼포의 늑대 무리가 목동의 눈에 들어왔다. 늑대들은 그곳에서 작은 소 떼를 '에워싸고' 있었다. 로보는 조금 떨어진 언덕 위에 앉아 있었고, 블랑카와 다른 늑대들은 목표로 한 어린 암소를 무리에서 '떼어 내려고' 안간힘을 쓰고 있었다. 소들은 이에 맞서 늑대들 쪽으로 뿔을 향한 채 완벽한 방어진을 치고 있었다. 그러다가 늑대들의 잇단 공격에 놀란 소 몇 마리가 대열 안쪽으로 물러나려고 했다. 늑대들은 그 순간을 놓치지 않고 틈을 파고들어 제물로 선택한 암소에게 상처를 입혔다. 하지만 치명상을 입히지는 못했다.

마침내 부하들의 서툰 짓을 더 이상 보고 있을 수 없다는 듯이 로보가 몸을 일으켰다. 녀석은 무시무시한 소리로 으르렁거리며 소 떼를 향해 덤벼들었다. 겁에 질린 소들이 일시에 대열을 흐트러뜨렸다. 로보는 그 한가운데로 뛰어들었다. 소들은 터진 폭탄에서 흩어지는 파편처럼 사방팔방으로 흩어졌다.

늑대들이 노린 암소도 힘껏 달아났지만 20미터도 못 가서 로보에게 붙잡혔다. 로보는 암소의 목덜미를 꽉 물더니 있는 힘껏 바닥에 내리꽂았다. 머리부터 거꾸로 내동댕이쳐진 암소는 엄청난 충격을 받은 듯했다. 로보도 한 바퀴 공중제비를 돌았지만, 이내 균형을 잡았다. 부하들은 가엾은 암소에게 달려들어 순식간에 숨통을 끊어놓았다. 로보는 암소를 죽이는 일에 직접 가담하지는 않았다. 녀석은 이렇게 책망하는 것 같았다.

"그래, 이깟 일 하나 후딱 끝내지 못하고 시간을 질질 끌어?"

목동이 고함을 치며 말을 타고 달려 나가자, 늑대들은 늘 하던 대로 도망을 쳤다. 목동은 마침 몸에 지니고 있던 스트리크닌(마전이라는 나무의 씨에 들어 있는 독성 화학 물질로, 신경 마비, 근육

로보가 다른 늑대들에게 소 죽이는 방법을 가르치고 있다.

경련 등을 일으킨다:옮긴이)을 죽은 암소의 몸 세 군데에 바르고 신속히 자리를 떴다. 목동은 늑대들이 다시 돌아와 자기들이 직접 죽인 암소를 먹어 치울 거라고 생각했다. 하지만 이튿날 아침 그곳을 다시 찾은 목동은 독을 먹고 쓰러진 늑대를 한 마리도 발견할 수 없었다. 로보 무리는 그의 순진한 기대를 비웃기라도 하듯, 독약을 바른 부분만 남겨 두고 암소를 먹어 치운 것이다.

해가 갈수록 목장 주인들 사이에는 이 놀라운 늑대에 대한 두려움이 점점 크게 번져 나갔다. 로보의 목에 걸린 현상금도 계속 올라가더니, 마침내 늑대 보상금으로는 유례가 없는 천 달러의 큰돈이 되었다.

물론 이보다 적은 액수가 걸려 있었을 때도 추적에 나선 사람은 많았다. 어느 날, 큰 보상금을 노리고 텍사스 주의 산림 경비대원 태너리가 말을 타고 커럼포 지역에 나타났다. 그는 훌륭한 늑대 사냥 장비를 갖추고 있었다. 가장 좋은 총과 말들, 덩치 큰 늑대 사냥개 여러 마리까지, 없는 게 없었다. 태너리와 그의 개들은 저 멀리 팬핸들(미국 텍사스 주 북부의 26개 카운티를 포함하는 지역으로, 뉴멕시코 주와 오클라호마 주 사이에 손잡이처럼 튀어나와 있다고 해서 이런 이름으로 불린다:옮긴이) 지방의 평원에서 수많은 늑대를 죽인 경험이 있었다. 그는 이제 며칠 안에 로보의 머리 가죽을 벗겨 말안장에 매달 수 있으리라 믿어 의심치 않았다.

어느 여름날 희부옇게 새벽빛이 밝아 올 무렵, 태너리와 사냥개들은 용감하게 길을 나섰다. 잠시 후 늑대 냄새를 맡은 큰 개들이 반가운 소리로 짖어 대기 시작했다. 그들은 사냥감의 뒤를 쫓았다. 그대로 3킬로미터쯤 달리자 커럼포의 늑대 무리가 눈앞에 나타났다. 더욱 빠르고 맹렬한 추격전이 펼쳐졌다. 이제 사냥개들은 말 탄 사냥꾼이 다가와서 총으로 쏘아 죽일 수 있도록 늑대들을 궁지에 몰아넣기만 하면 되었다.

만약 이곳이 넓게 트인 텍사스 평원이었다면 식은 죽 먹기였을 것이다. 하지만 사냥꾼과 사냥개들은 커럼포 지방의 특이한 지형 때문에 힘들어 하기 시작했다. 로보가 세력권을 얼마나 잘 선택했는지가 여실히 드러나는 순간이었다. 탁 트인 텍사스 평원과 달리 커럼포는 바위투성이 계곡과 물줄기들이 서로 교차하며 이리저리 뻗어 있었다. 늙은 늑대는 즉시 가장 가까운 계곡으로 도망쳐 말 탄 사냥꾼의 추격에서 벗어났다.

늑대 무리가 뿔뿔이 흩어져 달아나자 사냥개들도 흩어져 뒤를 쫓았다. 로보 무리가 조금 멀리 떨어진 곳에서 다시 뭉쳤을 때 개들은 아직 다 모이지 못한 상태였다. 이제 수적으로 불리할 것이 없는 늑대들은 추적자들을 향해 돌아섰다. 결국 모든 사냥개가 죽거나 중상을 입었다. 그날 밤 태너리가 자신의 사냥개를 불러 모았을 때, 살아 돌아온 것은 여섯 마리뿐이었다. 그중 둘은

태너리가 사냥개들을 이끌고 계곡으로 달려가고 있다.

심한 상처를 입었다.

태너리는 그 뒤에도 두 번 더 늑대왕의 머리 가죽을 벗기려고 나섰지만, 성과는 첫 번째 사냥에도 미치지 못했다. 게다가 마지막 시도에서는 가장 아끼던 말이 떨어져 죽는 일까지 일어났다. 태너리는 진저리를 치며 추격을 포기하고는 텍사스로 돌아갔다. 그때 이후로 로보는 커럼포 지역의 폭군으로서 더욱 기세를 떨치게 되었다.

이듬해에는 두 사냥꾼이 보상금을 노리고 나타났다. 두 사람은 저마다 자신만이 그 악명 높은 늑대를 없앨 수 있다고 큰소리를 떵떵 쳤다. 첫 번째 사냥꾼은 새로 조제한 독약을 이전과 전혀 다른 방식으로 설치할 계획이었다. 프랑스계 캐나다인인 또 한 사람은 독약에 마법의 주문을 걸어서 사용할 계획이었다. 그는 로보가 전설의 '늑대 인간'이기 때문에 보통 늑대를 잡는 방법으로는 절대 죽일 수 없다고 생각했다. 하지만 어떤 마법의 주문도, 특별히 조제한 독약도, 이 잿빛 파괴자 앞에서는 도무지 힘을 발휘하지 못했다.

로보는 늘 그랬듯이 일주일에 한 번씩 자신의 세력권을 둘러보고 날마다 잔치를 벌였다. 그리고 몇 주가 지나기도 전에, 두 사냥꾼 캘런과 라로슈는 좌절감에 빠져 로보를 포기하고 다른 곳으로 사냥을 떠났다.

로보를 잡는 데 실패한 조 캘런은 1893년 봄, 또 다른 굴욕을 당했다. 그 일은 로보가 얼마나 적들을 깔보는지, 또 얼마나 자신감에 넘치는지를 잘 보여 주었다. 조 캘런의 농장은 커럼포 강의 작은 물줄기에 자리 잡고 있었다. 그 물줄기는 그림처럼 아름다운 골짜기를 따라 흘렀다. 그해에 늙은 로보와 로보의 짝 블랑카는 조의 집에서 1킬로미터도 떨어지지 않은 골짜기의 굴에 보금자리를 만들고 새끼들을 길렀다. 로보 부부는 여름 내내 그곳에서 지내며 조의 소와 양, 개를 죽였다. 녀석들은 조가 놓은 모든 독약과 덫을 보란 듯이 비웃으며, 동굴이 많은 절벽 깊숙한 곳에서 편안히 휴식을 취했다. 조는 연기를 피워서 녀석들을 몰아내려고도 하고 다이너마이트로 날려 버리려고도 하며 별의별 방법을 다 동원했지만, 아무 소용이 없었다. 로보 부부는 매번 털끝 하나 다치지 않고 도망쳤고, 계속해서 약탈을 일삼았다. 조는 그 골짜기의 절벽을 가리키며 말했다.

"지난여름 내내 로보가 바로 저기 살았다네. 그런데 난 조금도 그놈을 어쩌지 못했어. 놈은 날 완전히 바보로 안 거야."

2

나는 로보에 관한 이런 이야기들을 목동들에게서 전해 들었지만 그대로 다 믿을 수는 없었다. 그러나 1893년 가을에는 나도 그 교활한 약탈자가 한 짓을 직접 보았고, 드디어 로보에 관해 어느 누구보다도 잘 알게 되었다. 여러 해 전, 빙고(시턴이 기르던 개의 이름으로, 이 개를 소재로 한 이야기가 「내가 사랑한 개 빙고」다: 옮긴이)와 함께 지내던 시절에 나는 늑대 사냥꾼이었다. 그러나 그 뒤 다른 일을 하는 바람에 책상머리를 벗어나지 못한 채 살고 있었다. 나는 간절히 변화를 바랐다.

때마침 커럼포에서 목장을 운영하던 친구 하나가 뉴멕시코 주로 와서 그 포식자들을 처치해 달라는 부탁을 했고, 나는 기꺼이 그 제안을 받아들였다. 한시라도 빨리 늑대왕을 만나 보고 싶었던 나는 즉시 커럼포 지역의 메사가 있는 곳으로 말을 달렸다. 그리고 한동안은 이리저리 말을 타고 다니며 지형을 익혔다. 나를 안내하던 사람은 아직 가죽이 붙어 있는 암소 해골을 가리키며 이렇게 말하곤 했다.

"놈이 한 짓이에요."

나는 이렇게 거친 지형에서는 말과 사냥개로 로보를 추격해 봐야 아무 소용 없다는 확신이 들었다. 그렇다면 독약이나 덫을 사용할 수밖에 없었다. 당장은 늑대를 잡을 만한 큰 덫이 없어서 먼저 독약을 설치하기 시작했다.

내가 그 전설의 '늑대 인간'을 함정에 빠뜨리고자 사용한 수

많은 장치를 일일이 설명할 필요는 없을 것이다. 나는 스트리크닌이나 비소의 화합물부터 시안화칼륨(흔히 청산가리라고 부르는 독성이 강한 화학 물질:옮긴이) 같은 시안화물에 이르기까지 모든 독성 물질을 섞어서 사용해 보았다. 갖가지 살코기도 미끼로 사용했다. 하지만 아침마다 말을 타고 모든 곳을 돌아보면서 나는 모든 노력이 물거품으로 돌아갔음을 깨달았다. 그 늙은 늑대왕은 내가 상대하기에는 너무 머리가 좋았다.

다음 이야기만 보아도 녀석이 얼마나 현명한지 알 수 있을 것이다. 나는 어느 나이 지긋한 덫사냥꾼이 시키는 대로 갓 잡은 어린 암소의 콩팥에 붙어 있던 기름진 고기에 치즈를 섞어서 냄비에 집어넣고 뭉근하게 데웠다. 그것을 식힌 다음에는 쇠붙이 냄새가 나지 않도록 뼈칼을 써서 여러 덩어리로 자르고, 덩어리마다 한쪽으로 구멍을 냈다. 그러고는 다량의 스트리크닌과 시안화칼륨을 집어넣고 냄새가 새지 않도록 처리한 캡슐을 그 구멍 안에 넣은 뒤 다시 치즈 조각으로 틀어막았다. 미끼가 완성된 것이다. 나는 미끼를 만드는 동안 암소의 뜨거운 피에 흠뻑 젖은 장갑을 끼고 일했으며, 행여 미끼에 입김이라도 닿을까 봐 조심했다.

준비를 마친 나는, 소의 피를 바른 생가죽 가방에 고깃덩어리를 집어넣고 밧줄 끝에 암소의 간과 콩팥을 매단 다음 말을 타고 그것을 끌고 갔다. 미끼와 미끼 사이에 냄새 자국을 남기기 위해서였다. 그러고는 500미터마다 미끼를 하나씩 떨어뜨리면서 약 15킬로미터를 빙 돌았다. 그동안 나는 아무 데도 손이 닿지 않도록 조심하고 또 조심했다.

로보는 보통 매주 초에 이쪽 산으로 들어왔다가 주말이면 시에라그란데의 산기슭을 지난다고 했다. 그날은 월요일이었다. 밤이 되어 막 잠자리에 들 무렵, 굵고 깊게 울려 퍼지는 늑대왕의 울음소리가 들렸다. 그 소리가 들려오기가 무섭게 한 청년이 짧게 말했다.

"놈이에요. 두고 봅시다."

이튿날 아침, 나는 한시 바삐 결과를 확인하고 싶은 마음에 미끼를 놓아둔 곳으로 내달렸다. 간밤에 새로 생긴 약탈자들의 발자국은 금세 찾을 수 있었다. 선두에는 로보가 있었다. 놈의 발자국은 언제나 쉽게 구별할 수 있었다. 여느 늑대의 앞발 길이는 약 11센티미터이고 큰 늑대는 약 12센티미터이지만, 로보의 경우는 몇 번을 재어 보아도 발톱에서 뒤꿈치까지의 길이가 14센티미터나 되었다. 나중에 안 사실이지만, 로보는 발 길이가 긴 만큼 몸집도 컸다. 네 발을 땅에 딛고 섰을 때의 어깨높이가 90센티미터에 이르렀고 몸무게도 70킬로그램이나 되었다. 따라서 로보의 발자국은 아무리 부하들 발자국과 뒤섞여 있어도 쉽게 찾아낼 수 있었다.

　로보와 부하들은 내가 미끼를 끌고 간 흔적을 발견하고 여느 때처럼 그 뒤를 따랐다. 로보가 첫 번째 미끼에 다가와 냄새를 맡고 그것을 물어 갔다는 것을 알 수 있었다.

　나는 기쁨을 숨기지 못하고 외쳤다.

　"드디어 놈을 잡았어. 이제 1킬로미터만 더 가면 놈이 뻣뻣하게 죽어 있는 모습을 볼 수 있을 거야."

　나는 바닥에 찍힌 커다란 발자국에 타는 듯한 눈길을 던지며 전속력으로 말을 달렸다. 발자국은 두 번째 미끼 쪽으로 나 있었는데, 그것마저 사라지고 없었다. 나는 기쁨에 겨워 펄쩍펄쩍 뛸 지경이었다. 이제는 로보를 잡은 거나 다름없었다. 잘만 하면 놈의 부하까지 함께 잡을 수 있을 것 같았다. 하지만 땅에는 여전히 커다란 발자국이 이어져 있었다.

　등자(말을 타고 앉아 두 발로 디디게 되어 있는 물건:옮긴이)에 발을 걸고 일어서서 벌판을 훑어보았지만, 늑대 시체 같은 것은 눈에 띄지 않았다. 다시 발자국을 따라갈 수밖에 없었다. 세 번째 미끼도 사라진 상태였다. 늑대왕의 발자국은 다시 네 번째 미끼가 있는 쪽으로 나 있었다. 그곳에 도착해서야 나는 상황을 파악할 수 있었다.

　로보는 미끼를 한 입도 먹지 않고 그저 물어 옮기기만 한 것이

었다. 내가 애써서 마련한 것들을 대놓고 비웃기라도 하듯, 세 덩이 미끼를 네 번째 미끼 위에 쌓아 올리고는 그 위에 오줌을 갈겨 놓았다. 그런 다음 내가 미끼를 끌고 다닌 길을 뒤로한 채, 그처럼 알뜰살뜰 보살피는 부하들과 함께 제 갈 길로 가 버린 것이다.

이 일 말고도 수많은 비슷한 경험을 통해서 나는 독으로는 결코 로보를 죽일 수 없다는 사실을 깨달았다. 나는 덫이 도착하기를 기다리면서 계속 독을 사용했다. 독은 코요테 같은 다른 해로운 짐승들을 죽이는 확실한 수단이었기 때문이다.

그 무렵 나는 로보가 악마처럼 교활하다는 것을 보여 주는 사건을 두 눈으로 확인했다. 로보 무리는 그저 재미 삼아 양들을 쫓았다. 녀석들은 양을 뒤쫓다가 죽이기만 할 뿐, 그 고기는 거의 먹지 않았다. 양은 대개 천 마리에서 3천 마리를 함께 기르며, 양치기 한 명 또는 몇 명이 지킨다. 양치기는 밤이 되면 가장 안전한 곳으로 양 떼를 몰아넣고, 양쪽에서 잠을 자면서 양 떼를 지킨다.

양들은 정말 어수룩해서 사소한 일에도 걸핏하면 앞다투어 도망치곤 하는데, 태어날 때부터 뿌리 깊은 약점이 하나 있다. 그것은 무조건 우두머리를 따른다는 것이다. 양치기들은 양의 이런 성질을 이용해서 염소 여섯 마리를 양 떼에 섞어 놓는다. 양들은 그 수염 달린 친척이 더 똑똑하다고 생각하고, 한밤중에 무슨 일이 일어나면 염소 주위로 모여든다. 이렇게 하면 양들이 흩어지는 것을 막고 쉽게 보호할 수 있다. 하지만 언제나 그런 것은 아니었다.

그 전해 11월 어느 날 밤의 일이었다. 페리코 마을의 두 양치기는 늑대의 공격을 받자마자 잠에서 깨어났다. 양 떼는 염소 주위로 모여들었다. 어리석지 않고 겁쟁이도 아닌 염소는 한 발짝도 물러서지 않고 용감하게 저항했다. 하지만 안타깝게도 이번 공격을 이끈 것은 보통 늑대가 아니었다. 늙은 로보, 전설의 늑대 인간은 염소가 양 떼의 정신적 지주라는 것을 양치기만큼이나 잘 알고 있었다. 녀석은 한 덩어리로 뭉쳐 있는 양 떼의 등을 훌쩍 뛰어넘어 곧장 염소에게 달려들었다. 그러고는 몇 분 만에 염소를 모조리 죽여 버렸다. 가엾은 양들은 깜짝 놀라서 즉시 사방팔방으로 달아나기 시작했다. 그 사건이 있은 뒤로 몇 주 동안 나는 거의 날마다 양치기들이 수심 가득한 얼굴로 이렇게 묻는 소리를 들었다.

"혹시 오토(OTO) 낙인이 찍힌 길 잃은 양을 보지 못했나요?"

나는 사실대로 대답했다.

"다이아몬드 저수지 근처에 대여섯 마리가 죽어 있더군요."

어떤 날은 말파이 산 근처에서 작은 양 떼가 뛰어가는 것을 보

았다고 알려 주었다.

"나는 못 봤지만, 이틀 전 후안 메이라가 세드라 산에 스무 마리쯤 되는 양이 죽어 있는 것을 보았답니다."

이렇게 대답해 주기도 했다.

드디어 기다리던 늑대 덫이 도착했다. 나는 두 사람과 함께 꼬박 일주일을 덫 놓는 일에 매달렸다. 우리는 모든 노력을 쏟아 부었다. 늑대를 잡는 데 도움이 될 만한 장치는 하나도 빠짐없이 모두 사용했다. 그리고 덫을 설치하고 이틀째 되던 날, 말을 타고 주위를 살피다가 로보가 이 덫 저 덫으로 뛰어다닌 발자국을 발견했다. 그 발자국을 보면 밤사이에 녀석이 어떤 행동을 했는지 훤히 알 수 있었다. 로보는 어두운 밤에도 교묘하게 숨겨 놓은 덫까지 금방 찾아냈다. 녀석은 우선 부하들을 멈추게 한 뒤, 덫 주위의 흙을 조심스럽게 긁어내어 덫과 체인, 통나무를 찾아냈다. 그리고 아직 용수철이 튀지 않은 덫을 그 상태 그대로, 눈에 잘 띄게 내버려 두었다. 녀석은 여남은 개의 덫을 같은 방식으로 찾아냈다.

오래 지나지 않아 나는 로보가 길에서 의심스러운 기미를 발견하면 걸음을 멈추고 옆으로 비켜선다는 것을 알았다. 그러자 놈을 잡을 새로운 계책이 떠올랐다. 나는 당장 H자 모양으로 덫을 설치했다. 길 양쪽 가장자리에 덫을 일렬로 설치하고, H자의

로보가 덫을 드러내 놓고 있다.

가로획처럼 길 한가운데에 덫을 한 개 더 설치한 것이다.

하지만 나는 다시 한 번 실패의 쓴맛을 보아야 했다. 처음에 로보는 덫이 있다는 사실을 모른 채 길 한복판으로 들어왔다. 하지만 순간 걸음을 멈추었다. 녀석은 어떻게 위험을 눈치챘을까? 야생 동물의 수호천사가 늘 곁에서 녀석을 보살피고 있다고 해야 할지도 모르겠다. 로보는 왼쪽으로도 오른쪽으로도 발길을 돌리지 않았다. 녀석은 천천히 조심스럽게 제가 만든 발자국을 정확히 되짚어 가며 뒷걸음질을 쳐서 위험 지역에서 벗어났다. 그곳을 무사히 빠져나온 로보는 뒷발로 흙덩어리를 차서 모든 덫의 용수철이 튀어 오르게 했다. 다른 경우에도 로보는 똑같은 행동을 했다.

나는 이리저리 방법을 바꾸어도 보고 더 조심스럽게 작업을 하기도 했지만, 녀석은 결코 속아 넘어가지 않았다. 로보의 머리가 둔해지는 일은 절대 일어나지 않을 것 같았다. 다른 늑대 때문에 파멸의 길로 접어들지 않았다면, 로보는 지금도 커럼포의 약탈자로서 위세를 떨치고 있을 것이다. 하지만 로보는 결국 다른 많은 비운의 영웅들이 간 길을 따라야 했다. 혼자라면 무릎 꿇을 리 없으나, 믿었던 동료의 경솔한 행동 탓에 몰락한 영웅의 길을.

3

자주는 아니지만, 나는 커럼포 늑대 무리의 대열이 항상 엄격하게 지켜지는 것은 아니라는 증거를 발견했다. 종종 규칙이 깨진다는 표시를 볼 수 있었던 것이다. 우두머리 로보를 앞질러 달려간 작은 늑대의 발자국이 이런 예였다. 나는 어느 목동의 설명을 듣고 나서야 상황을 이해할 수 있었다.

"오늘 늑대 무리를 봤는데, 대열에서 떨어져 나간 늑대가 있었어. 블랑카였지."

나는 목동의 그 말에 눈앞이 환해지는 느낌이었다.

"그렇다면 블랑카는 암놈이 확실하군. 다른 수컷 늑대가 그렇게 행동했다면 로보가 바로 죽여 버렸을 테니까."

이제 사실을 알았으니 계획을 바꾸어야 했다. 나는 암소를 죽인 다음, 그 사체 주변에다 눈에 잘 띄도록 덫을 설치했다. 그러고는 늑대들이 거들떠보지도 않는 머리 부위를 잘라 냈다. 나는 암소의 머리를 조금 떨어진 곳에 두고 그 주변에 강력한 강철 덫 두 개를 따로 설치했다. 이번에는 강철 덫의 쇠붙이 냄새를 완전히 제거한 뒤 아주 조심스럽게 숨겨 놓았다.

나는 손과 신발, 모든 도구를 갓 잡은 암소의 신선한 피에 적신 채 일을 진행했다. 암소 머리에서 흘러나온 것처럼 보이도록

로보와 블랑카

땅에 피를 뿌리기도 했다. 흙을 파고 덫을 묻은 뒤에는 코요테 털가죽으로 지면을 문지르고 코요테 발자국을 여럿 찍어 놓았다. 암소 머리와 덤불숲 사이에는 좁은 통로만 남겨 두었다. 나는 가장 성능이 좋은 덫 두 개를 암소 머리에 단단히 동여맨 다음 그 좁은 통로에 묻어 두었다.

늑대는 고기 냄새를 맡으면 먹을 생각이 없더라도 무조건 가까이 다가가 살펴보는 습성이 있다. 나는 로보 무리가 이런 습성에 이끌려 내가 일을 꾸며 둔 곳으로 와 주기를 바랐다. 로보는 틀림없이 암소 주변에 덫이 설치되었다는 것을 알아채고 무리에게 다가가지 못하도록 할 것이다. 내가 희망을 건 곳은 아무렇게나 버려진 것처럼 보이는 암소 머리 쪽이었다.

이튿날 아침, 나는 그곳으로 달려 나가 덫을 살펴보았다. 이렇게 기쁜 일이! 늑대들 발자국이 찍혀 있었다. 그리고 소머리에 동여맨 덫이 있던 곳에는 아무것도 없었다. 서둘러 발자국을 조사해 보니 상황을 알 수 있었다. 로보가 고깃덩어리 가까이 가지 못하도록 막았는데도, 작은 늑대 한 마리가 저만치 있는 암소 머리를 살피러 갔다가 덫에 걸린 것이다.

나와 친구는 발자국을 따라 걷기 시작했다. 2킬로미터쯤 갔을까? 우리는 그 불운한 늑대가 블랑카라는 것을 알 수 있었다. 블랑카는 25킬로그램이 넘는 소머리에 발길을 잡혔지만 말을 타지

않은 내 친구보다 훨씬 더 빨리 달렸다. 하지만 바위가 많은 곳에서 우리는 블랑카를 따라잡을 수 있었다. 바위에 쇠뿔이 걸려 블랑카가 멈출 수밖에 없었던 것이다. 블랑카는 내가 본 어떤 늑대보다도 아름다웠다. 완벽한 모피는 순백색에 가까웠다.

블랑카는 돌아서서 싸울 준비를 했다. 그리고 자신의 동료를 불러 모으려는 듯 길게 울었다. 울음소리가 골짜기에 울려 퍼졌다. 멀리 산 너머에서 낮은 울음소리가 들렸다. 늙은 로보였다. 그러나 블랑카는 더 이상 동료들을 부르지 못했다. 그새 가까이 다가온 우리에게 맞서서 온 힘을 다해 싸워야 했기 때문이다.

그리고 어쩔 수 없는 비극이 뒤를 이었다. 그때 일만 생각하면 내 심장은 오그라드는 것만 같다. 나와 친구는 운이 다한 늑대의 목에 올가미를 던진 다음, 늑대의 입에서 피가 뿜어져 나올 때까지 각자의 말을 반대 방향으로 끌어당겼다. 블랑카의 눈은 이내 초점을 잃고 흐릿해졌다. 네 다리는 뻣뻣해졌다가 결국 축 늘어졌다. 우리는 의기양양해서 죽은 블랑카를 말에 싣고 돌아왔다. 처음으로 로보 무리에게 치명적인 타격을 입힌 것이다.

이 비극이 일어나는 동안에도, 그리고 그 뒤 우리가 말을 타고 숙소로 돌아오는 도중에도, 로보가 멀리 산들을 이리저리 헤매며 울부짖는 소리가 들려왔다. 그곳에서 블랑카를 찾는 모양이었다. 녀석은 블랑카를 버릴 수 없었지만, 블랑카를 구해 줄 수 없다는 것도 알고 있었다. 우리가 다가오는 것을 보았을 때 총에 대한 뿌리 깊은 두려움을 이겨 낼 수 없었던 것이다. 로보가 블랑카를 찾아다니며 울부짖는 소리는 그날 하루 종일 들려왔다. 나는 친구에게 말했다.

"과연 그랬군. 블랑카는 정말로 녀석의 짝이었던 거야."

저녁 어스름이 깔리자 로보는 골짜기의 보금자리로 돌아온 것 같았다. 녀석의 울음소리는 점점 더 가까워졌다. 그 소리는 깊은 슬픔으로 가득 차 있었다. 도발하는 듯한 우렁찬 울부짖음은 사라지고, 길고 구슬픈 울음소리만 남았다. "블랑카! 블랑카!" 하고 애타게 부르는 듯한 소리였다.

밤이 깊은 뒤, 블랑카가 잡힌 곳 가까이에서 로보의 울음소리가 들려왔다. 녀석이 마침내 블랑카의 발자국을 발견한 모양이었다. 그 뒤 블랑카가 죽은 장소에 도착한 로보는 애끊는 소리로 울기 시작했다. 어찌나 애처로운지 가만히 듣고 있기가 힘들었다. 예상했던 것보다 훨씬 더 구슬픈 소리였다. 무덤덤한 목동들조차 "늑대가 저렇게 슬프게 우는 건 처음 보았다."고 할 정도였다. 로보는 거기에서 무슨 일이 벌어졌는지 정확히 알고 있는 것 같았다. 그곳에 블랑카의 핏자국이 선명하게 남아 있었던 것이다.

그 뒤 로보는 말 발자국을 따라 목장 주인의 집을 찾아왔다.

그곳에서 블랑카를 찾을 수 있으리라는 희망을 품은 것일까? 아니면 복수를 위해서였을까? 녀석은 그곳에서 원수를 발견했다. 운 나쁜 사냥개 한 마리가 마침 집 밖으로 나왔던 것이다. 로보는 현관에서 채 50미터도 떨어지지 않은 곳에서 사냥개를 갈기갈기 찢어 죽였다.

이튿날 발견된 발자국으로 미루어 보아 로보 혼자 그 모든 일을 벌인 게 분명했다. 로보는 조심성 없이 마구 돌아다녔는데, 평소라면 절대 하지 않을 행동이었다. 이런 상황을 예상한 나는 목장 곳곳에 많은 덫을 따로 설치해 두었다. 실제로 로보는 그런 덫에 걸려들기도 했다. 하지만 어마어마한 힘을 발휘하여 덫에서 풀려나 그것을 내동댕이친 흔적이 남아 있었다.

로보는 블랑카의 사체라도 찾아내지 못한다면 결코 그곳을 뜨지 않을 것 같았다. 우리는 녀석이 이곳을 떠나기 전에, 그리고 마음을 다쳐 분별력을 잃었을 때, 어떻게든 놈을 잡아야겠다고 마음먹었다. 나는 블랑카를 죽인 것이 얼마나 큰 실수였는지를 문득 깨달았다. 블랑카를 사로잡아 미끼로 썼다면 바로 이튿날 밤에 로보를 잡을 수 있었을 텐데…….

나는 덫이란 덫은 다 끌어모았다. 그러다 보니 늑대용 강철 덫이 모두 130개나 되었다. 나는 그 덫을 골짜기로 통하는 모든 길목에 네 개씩 설치했다. 덫마다 통나무를 연결한 다음, 그것들을 땅에 묻었다. 그때마다 땅을 판 흔적이 남지 않도록 담요 위에 풀과 흙을 펼쳐서 조심스레 옮겨 놓았다가 다시 제자리에 두었다. 모든 일을 마무리하고 나자, 언뜻 봐서는 사람의 흔적은 찾을 수 없었다. 덫을 다 묻은 다음, 나는 가엾은 블랑카의 사체를 덫이 설치된 곳마다 끌고 다녔다. 그리고 목장 둘레를 한 바퀴 더 돌면서 냄새를 남겼다. 마지막으로 블랑카의 앞발을 잘라 덫이 묻힌 곳에 발자국을 찍기까지 했다. 나는 밤이 깊을 때까지 생각해 낼 수 있는 모든 조치를 취한 뒤, 숙소로 돌아가 결과를 기다렸다.

그날 밤 늙은 로보의 울음소리가 한 차례 들려온 것 같았지만 확실하지는 않았다. 이튿날 나는 말을 타고 덫 놓은 곳을 둘러보았는데, 북쪽 골짜기를 다 돌아보기도 전에 주위가 어두워졌다. 그때까지 별다른 점을 발견하지 못한 나는 발길을 돌렸다. 그런데 저녁 식탁에서 목동 하나가 이렇게 말하는 것이었다.

"오늘 아침 북쪽 골짜기에서 소 떼가 한바탕 소동을 벌였어요. 아무래도 덫에 뭐가 걸린 것 같아요."

나는 이튿날 오후에야 목동이 말한 장소에 도착할 수 있었다. 현장에 다가가자 커다란 잿빛 형상이 몸을 일으키더니 도망치려 하는 것이 보였다. 내 눈앞에 커럼포의 왕, 로보가 서 있었다. 녀석은 덫에 단단히 걸려 있었다. 가엾은 그 영웅은 쉬지 않고 제

짝을 찾아다니다가 블랑카의 냄새를 맡고 무작정 그 흔적을 쫓아온 모양이었다. 그리고 아가리를 벌린 채 기다리던 덫에 걸린 것이다. 녀석은 강철 덫 네 개에 걸려 힘없이 쓰러져 있었다.

녀석 주위로 어지럽게 나 있는 수많은 발자국은 소 떼가 권좌에서 떨어진 폭군 주위에 몰려들어 얼마나 업신여기며 조롱했는지를 똑똑히 보여 주었다. 그래도 소들은 로보 바로 옆으로 다가갈 엄두를 내지는 못한 듯했다. 로보는 이틀 동안 꼼짝없이 붙들려 격렬히 몸부림친 탓에 진이 다 빠져 있었다. 하지만 내가 다가가자 털을 세우고 몸을 일으키며 목청을 돋웠다. 굵고 낮게 으르렁거리는 소리가 온 골짜기에 울려 퍼졌다. 도움을 청하는 소리, 마지막으로 부하들을 부르는 소리였다. 그러나 아무 대답도 들려오지 않았다.

로보는 홀로 막다른 곳에 몰려 죽을힘을 다해 몸을 틀더니 나를 공격했다. 그러나 모두 부질없는 일이었다. 무게 150킬로그램이 넘는 덫은 꿈쩍도 하지 않았고, 로보의 네 발 모두 강철 이빨에 물려 있었으니까. 게다가 무거운 통나무와 사슬이 뒤엉켜 있어 녀석은 꼼짝달싹할 수 없었다. 녀석의 커다란 상아색 송곳니는 무심한 쇠사슬을 얼마나 갈아 댔을까? 총 끝으로 건드리자 녀석은 바로 총신에 흠집을 냈다. 그 흠집은 지금도 그대로 남아 있다. 녀석의 눈은 미움과 분노로 시퍼렇게 타올랐다. 녀석은 나와 두려움에 떠는 내 말을 향해 입을 벌리고 덤벼들었지만 아무 것도 물 수 없었다. 굶주림과 몸부림, 과도한 출혈로 지쳐 버린 녀석은 땅바닥으로 풀썩 무너져 내렸다.

나는 많은 사람이 로보에게 당한 그대로 놈에게 되돌려 주고 싶었다. 하지만 그 순간 양심의 가책 같은 것이 밀려왔다.

"늙은 무법자, 포악한 영웅이여! 이제 몇 분이면 너도 커다란 고깃덩이 신세가 되겠지. 어쩌랴, 그게 네 운명인걸."

나는 올가미를 휘둘러 로보의 머리 위로 날렸다. 올가미는 그렇게 빠르지 않았고, 녀석도 아직 굴복한 것이 아니었다. 올가미가 목에 닿기 전, 녀석은 고리 부분을 물어뜯었다. 그러자 단단하고 굵은 밧줄이 툭 끊어지면서 두 동강이 나서 녀석의 발치에 떨어졌.

물론 내게는 총이라는 마지막 수단이 있었다. 하지만 로보의 훌륭한 모피에 총구멍을 내고 싶지는 않았다. 나는 숙소로 말을 달려 목동 한 명과 함께 새 올가미를 가지고 돌아왔다. 우리는 먼저 로보에게 나뭇가지를 던져 물게 했다. 로보가 그 나뭇가지를 입에서 내려놓기 전에, 올가미가 휙 하고 공중을 날아 녀석의 목을 단단히 죄었다.

로보의 사나운 눈에서 생명의 빛이 사라지려는 찰나, 내가 소리쳤다.

"잠깐! 녀석을 죽이지 말고 사로잡아 숙소로 데려가자."

기진맥진한 로보는 쉽게 다룰 수 있었다. 우리는 녀석의 송곳니 뒤쪽으로 재갈을 물린 다음, 굵은 밧줄로 턱을 동여매서 재갈로 물린 막대에 고정했다. 막대와 밧줄이 서로 단단히 얽혀 있어서, 로보는 이제 아무것도 물 수 없었다. 턱이 묶인 것을 안 로보는 더 이상 아무런 저항도 하지 않았다. 소리 없이 우리를 지켜보는 로보의 눈빛은 이렇게 말하는 듯했다.

"네놈이 드디어 나를 잡았구나. 어디 마음대로 해 보아라."

그 뒤로 녀석은 우리를 철저히 무시했다.

우리가 발을 꽁꽁 묶을 때도 신음조차 내지 않았다. 으르렁거리지도, 고개를 돌리지도 않았다. 우리 두 사람은 끙끙대며 녀석을 말에 실었다. 로보는 잠잘 때처럼 고른 숨을 쉬면서 맑고 고요한 눈빛을 되찾았지만, 우리를 쳐다보지는 않았다. 로보의 눈길은 저 멀리 보이는 거대한 산들에 붙박여 있었다. 지금은 뿔뿔이 흩어졌지만 바로 얼마 전까지만 해도 동료들과 함께 노닐던 그곳, 한때 자신의 왕국이었던 그곳에. 말이 골짜기를 향해 내려가는 동안 녀석은 잠시도 그곳에서 눈을 떼지 못했다. 녀석을 실은 말이 골짜기로 들어서면서 산들은 바위에 가려 더 이상 보이지 않았다.

우리는 천천히 말을 몰아 무사히 목장에 도착했다. 그리고 로보에게 튼튼한 목걸이와 쇠사슬을 채우고 목초지 말뚝에 붙들어 맨 다음 재갈을 풀어 주었다. 나는 그제야 녀석을 자세히 살펴볼 수 있었다. 그리고 이 살아 있는 영웅에 관해서 항간에 떠도는 소문이 얼마나 터무니없는지를 알았다. 로보의 목에 달려 있다는 황금 목걸이도 없었고, 악마에 씌었다는 표지라는 어깨 위의 뒤집힌 십자가도 없었다. 하지만 한쪽 엉덩이에는 큰 흉터가 하나 있었다. 소문에 따르면 태너리의 우두머리 사냥개 주노의 송곳니에 물린 자국이라고 했다. 그 암사냥개가 골짜기의 모래밭에서 죽기 직전 로보를 문 것이다.

로보는 내가 가져다준 물과 고깃덩이를 쳐다보지도 않았다. 녀석은 가만히 엎드린 채 흔들림 없는 눈길로 내 뒤쪽 골짜기 너머로 펼쳐진 초원을 응시하고 있었다. 녀석이 살던 곳이었다. 로보는 내가 몸에 손을 대도 꼼짝하지 않았다. 해가 진 뒤에도 녀석은 여전히 초원 너머만 뚫어져라 바라보았다. 나는 밤이 되면 로보가 부하들을 불러 모을 것이라 예상하고 대비를 해 두었다. 하지만 녀석은 붙잡히기 전 마지막으로 한 차례 울부짖은 뒤로는 두 번 다시 울음소리를 내지 않았다.

우두머리 자리에서 밀려난 사자, 자유를 빼앗긴 독수리, 짝 잃은 비둘기는 모두 절망감에 못 이겨 죽음을 맞는다고 한다. 무법자 로보라면 그 세 가지 충격을 모두 이겨 낼 수도 있지 않을까?

늑대왕 로보

이튿날 아침 나는 보았다. 로보가 그대로 조용히 엎드려 있는 것을. 하지만 영혼은 이미 떠난 뒤였다. 커럼포의 늑대왕 로보는 그렇게 숨을 거두었다.

나는 로보의 목에 걸린 사슬을 풀었다. 그리고 목동의 도움을 받아 로보의 몸을 블랑카가 누워 있는 헛간으로 옮겼다. 블랑카 옆에 누운 로보를 보고 목동이 말했다.

"그렇게 블랑카 곁으로 오려고 하더니……. 이제야 다시 짝을 찾았구나."

코요테의 정신적 지주
티토

1

빗방울 하나가 벼락을 비끼게 할 수도, 한 오라기 머리카락이 제국을 멸망시킬 수도 있다. 일찍이 거미집 하나가 스코틀랜드의 역사를 바꿔 놓았듯이(14세기 초, 잉글랜드에 맞서 독립 전쟁을 이끌던 스코틀랜드의 로버트 1세는 거미가 집짓기에 여섯 번 실패하고 일곱 번째 도전해 성공한 것을 보고 용기를 내어 스코틀랜드의 독립을 이끌어 냈다 : 옮긴이). 그리고 어떤 작은 조약돌 하나가 없었다면, 티토의 이 이야기도 없었을지 모른다.

그 조약돌은 사우스다코타 주 배들랜즈('나쁜 땅'이라는 뜻 : 옮긴이) 지방의 어느 오솔길에 놓여 있었다. 어느 덥고 캄캄한 밤, 그 조약돌이 거나하게 취한 목동이 탄 말의 발에 박혔다. 목동은 늘 하던 대로 말에서 내려 말이 다리를 저는 까닭을 알아보려고 했다. 그러나 목동은 말고삐를 땅에 내려놓는 대신 말의 목에 걸쳐 두었고, 말은 이때다 하고 어둠 속을 달려 사라져 버렸다. 이제 두 발로 걷는 수밖에 없다는 것을 깨달은 목동은 덤불숲 아래 구덩이에 누워 쿨쿨 깊은 잠에 빠져들었다.

초여름 아침의 황금빛 태양이 아름다운 배들랜즈 뷰트(건조 지대의 고원에서 벙어리장갑 모양으로 우뚝 솟은 지형을 뷰트라고 한다.

뷰트보다 규모가 큰 것을 메사라고 하는데, 메사가 조금씩 무너져 내려 작아지면 뷰트가 된다:옮긴이)의 봉우리들을 건너뛰며 비추었다. 여러분이 그때 그곳에 있었다면 어미코요테 한 마리가 식구들의 아침거리로 토끼 한 마리를 입에 문 채 가너 천 물가의 오솔길을 따라 종종걸음 치며 집으로 돌아가는 모습을 볼 수 있었을 것이다.

빌링스 카운티(미국의 지방 행정 단위. 우리나라의 군에 해당한다:옮긴이)의 목장 주인들은 코요테 종족과 오랫동안 치열한 싸움을 벌여 오고 있었다. 그 결과 이제는 덫이며 총, 독약, 사냥개 따위가 코요테의 씨를 말릴 지경이었다. 살아남은 소수의 코요테는 한 걸음 한 걸음 발을 뗄 때마다 조심 또 조심해야 한다는 쓰라린 교훈을 얻었다. 그러나 인간의 파괴력은 커져만 갔고, 코요테의 수는 계속 줄어만 갔다.

어미코요테는 재빨리 그 길에서 벗어났다. 인간이 만든 것치고 도움이 되는 것은 하나도 없었기 때문이다. 코요테는 낮은 산등성이를 따라가다가 덤불숲이 우거진 작은 구덩이를 건넜다. 어디선가 풍겨 오는 퀴퀴한 사람 냄새에 조심스럽게 코를 킁킁거리고는, 근처의 다른 산등성이를 가로질렀다. 그곳 양지바른 곳에 코요테의 보금자리가 있었다. 어미코요테는 다시 한 번 조심스럽게 주변을 돌면서 사방을 살피고 냄새를 맡았다. 이상한 낌새는 없었다. 어미는 보금자리 입구로 내려가서 나직하게 "우프- 우프" 하는 소리를 냈다. 그러자 산쑥 덤불 옆에 있는 굴에서 새끼코요테들이 앞다투어 쏟아져 나왔다. 새끼들은 작은 소리로 아르렁거리면서 어미가 가져온 맛있는 먹이에 달려들어 조금이라도 많이 먹으려고 자리를 다투었다. 어미는 신이 나서 먹고 있는 새끼들의 모습을 흐뭇한 눈으로 지켜보았다.

목동 제이크가 싸늘한 잠자리에서 눈을 뜬 것은 해가 뜰 무렵이었다. 그때 코요테 한 마리가 산등성이를 넘는 모습이 언뜻 눈에 들어왔다. 제이크는 코요테의 모습이 사라지자마자 벌떡 일어나 산마루에 올랐다. 바로 몇 미터 앞에, 아무것도 알아차리지 못한 코요테 가족이 아침을 먹고 뛰어노는 흥미로운 광경이 펼쳐져 있었다.

그러나 그 순간 제이크의 머릿속에 떠오른 것은 이 코요테 한 마리 한 마리에 걸린 현상금 액수뿐이었다. 제이크는 커다란 45구경 연발 권총을 꺼내 들고 비틀거리는 몸을 가누면서 가까스로 어미코요테를 조준했다. 어미는 이제 막 아침 식사를 끝낸 새끼 한 마리를 쓰다듬고 있었다. 그때 총소리와 함께 어미가 쓰러졌다.

겁에 질린 새끼들은 재빨리 굴속으로 달아났다. 새끼들을 쏘아 죽이는 데 실패한 제이크는 앞으로 뛰어나와 굴 입구를 돌로

막았다. 꼼짝없이 캄캄한 굴속에 갇힌 새끼코요테들은 맨 안쪽 구석에서 벌벌 떨고 있었다. 제이크는 일곱 마리 새끼코요테를 내버려 둔 채, 자기를 버리고 달아난 말에게 욕설을 퍼부으며 가장 가까운 목장으로 걸어갔다.

그날 오후, 제이크는 동료 한 명과 굴을 팔 장비를 챙겨 가지고 돌아왔다. 새끼들은 하루 종일 캄캄한 굴속에서 몸을 옹크리고 있었다. 왜 어미가 먹을 것을 가져오지 않는지, 굴속은 왜 이렇게 캄캄한지, 밖에서 무슨 일이 일어난 것인지 궁금했다. 오후 늦게야 입구에서 무슨 소리가 들려왔다. 잠시 후, 한 줄기 빛이 굴속을 파고들었다. 어미인 줄 안 조심성 없는 새끼 몇 마리가 입구로 달려 나갔다. 하지만 어미는 거기 없었다. 몸집이 크고 난폭한 두 야수가 굴을 파헤치고 있을 뿐이었다.

둘이서 한 시간 남짓 굴을 파내자 거의 굴 끄트머리에 다다를 수 있었다. 털이 복슬복슬하고 눈망울이 초롱초롱한 새끼들이 맨 안쪽에 옹기종기 모여 있었다. 거대한 적들은 새끼들의 천진난만한 얼굴과 몸짓에서 아무것도 느끼지 못했다. 그들은 새끼를 한 마리씩 들어 올렸다가 세게 내리쳤다. 새끼들이 부르르 몸을 떨다가 축 늘어지면 자루 안으로 던져 넣었다. 이 자루를 가장 가까운 곳의 지역 행정관에게 가져가면 두둑한 보상금을 탈 수 있었다.

새끼코요테들은 아직 어리지만 저마다 뚜렷한 개성이 있었다. 밖으로 끌려 나가 죽음을 맞을 때 비명을 지르는 놈이 있는가 하면 으르렁거리는 놈도 있었다. 한두 마리는 물려고 덤비기까지 했다. 가장 늦게 위험을 알아차린 새끼코요테는 가장 늦게 도망치면서 한데 몰린 새끼들 맨 위에 있었고, 그래서 가장 먼저 죽임을 당했다. 가장 빨리 위험을 알아챈 새끼코요테는 먼저 도망쳐서 맨 밑에 몸을 웅크리고 있었다.

새끼들은 한 마리 한 마리 잔인하게 죽임을 당했다. 마침내 가장 조심성 많은 새끼 한 마리만 남았다. 마지막 새끼코요테는 꼼짝도 하지 않고 엎드려 있었다. 몸을 건드려도 본능이 시키는 대로 눈을 반쯤 감고 죽은 척했다. 한 사람이 새끼코요테를 들어 올렸다. 새끼는 비명을 지르지도 반항하지도 않았다. 그때 목장 주인과 잘 지내는 편이 좋겠다는 생각이 든 제이크가 말했다.

"잠깐! 요놈은 아이들에게 갖다 주자."

그래서 가족 가운데 마지막까지 살아남은 새끼코요테는 산 채로 죽은 형제들이 들어 있는 자루 속에 던져졌다. 겁이 나고 여기저기 부딪쳐 상처가 생겼지만 죽은 듯 가만히 있었다. 무슨 일이 벌어졌는지 알 수가 없었다. 새끼코요테가 아는 것이라고는 한참 동안 시끄러운 소리와 덜컹대는 움직임이 이어지다가 반쯤 목이 졸린 채 자루 밖으로 꺼내졌다는 것뿐이었다. 그곳에는 굴을 파던 야수와 비슷한 생물들이 많았다.

그 생물들은 침니폿 목장 사람들이었다. 침니폿 목장의 표지는 굵은 화살촉 모양이었다. 이 목장에는 아이들도 있었다. 새끼코요테 선물을 받을 아이들이었다. 목장 주인은 새끼코요테에 해당하는 보상금을 제이크에게 주었고, 선물은 곧장 아이들에게 전달되었다.

아이들이 물었다.

"이게 뭐예요?"

그러자 옆에 있던 멕시코인 목동이 코요티토라고 말해 주었다. '새끼코요테'라는 뜻이었다. 그 뒤 코요티토를 줄인 '티토'가 그 포로의 이름이 되었다.

2

티토는 몸집이 아주 작았다. 몸에는 복슬복슬 털이 나 있고 얼굴은 강아지처럼 생겼으며 귀와 귀 사이가 넓은 편이었다.

하지만 티토는 아이들을 위한 애완동물로는 적당하지 않았다. 암컷으로 밝혀진 그 새끼코요테가 사람들을 따르려 하지 않았기 때문이다. 먹이도 잘 먹고 건강해 보였지만, 아무리 다정하게 대

포로가 된 코요테

해 주어도 전혀 반응을 보이지 않았다. 아이들이 불러도 개집 밖으로 나올 줄 몰랐다. 나이 어린 아이들은 티토에게 상냥하게 대해 주었지만, 남자 어른들과 소년들이 난폭하게 굴어서 마음에 상처를 받았기 때문일 것이다.

소년들은 새끼코요테를 보고 싶을 때마다 조금도 망설이지 않고 쇠줄을 잡아당겨 티토를 끌어냈다. 그때마다 티토는 조용히 죽은 척하곤 했다. 그게 가장 좋은 처신이라는 것을 알고 있는 듯했다. 그러다가 아이들이 쇠줄을 놓으면 개집 안에서 가장 어두운 구석으로 지체 없이 파고들었다. 그리고 자기를 괴롭히는 자들을 지켜보았다. 어쩌다 방향이 맞으면 그 눈에서 순간적으로 강렬하게 번쩍이는 초록빛을 볼 수도 있었다.

침니폿 목장에는 열세 살 난 남자아이가 살고 있었다. 언젠가는 이 아이도 아버지처럼 친절하고 강하고 사려 깊은 어른으로 자라겠지만, 아직은 또래의 다른 아이들처럼 부끄러움을 모르는 악동이었다.

그 지역의 다른 남자아이들처럼 그 아이도 목동이 될 생각에 올가미 던지기 연습을 하고 있었다. 그런데 말뚝이나 나무 그루터기에 대고 올가미를 던져 봐야 별 재미가 없었다. 어린 동생들을 괴롭히면 어른들에게 혼쭐이 났다. 아이가 손에 밧줄을 들고 나타나기만 하면 개들은 꽁무니를 빼고 멀리 달아났다. 그러니

연습 상대라고는 가엾은 새끼코요테밖에 없었다.

오래 지나지 않아 티토는 평화를 얻기 위해서는 개집에 숨어 있거나, 밖에 있는 동안 밧줄이 날아오면 땅바닥에 납작 엎드려 밧줄을 피하는 수밖에 없다는 것을 배웠다. 그 소년 링컨은 결국 자기도 모르는 사이에 새끼코요테에게 밧줄의 위험과 한계를 가르쳐 준 셈이었다. 그러니까 소년은 티토에게 불행, 그것도 더할 수 없는 불행 속에서 행운을 선사한 것이었다.

코요테가 올가미 피하는 요령을 완벽하게 터득하자, 그 악동은 새로운 놀이를 생각해 냈다. 소년은 '여우용'이라는 커다란 덫을 구해 왔다. 그러고는 제이크가 늑대 덫을 놓을 때 했던 것처럼 개집 근처에 덫을 파묻었다. 그리고 그 위에 고기 몇 점을 흩뜨려 놓았다. 역시 늑대 덫을 놓을 때와 같은 방식이었다.

잠시 뒤 고기 냄새를 맡고 나온 티토가 군침을 흘리며 고기 쪽으로 다가가는 순간, 한쪽 발이 덫에 걸렸다. 가까운 곳에 몸을 숨기고 있던 악동은 인디언처럼 우우 함성을 지르며 달려 나왔다. 그리고 티토가 도망쳐 들어간 개집에서 티토를 끄집어냈다. 소년은 짜릿한 흥분을 느끼며 좀 더 실랑이를 벌인 끝에 티토의 몸에 밧줄을 걸 수 있었다. 그리고 자기를 가장 잘 따르는 남동생의 도움을 받아 어른들이 눈치채기 전에 코요테를 덫에서 풀어 놓는 데 성공했다.

이런 일을 한두 번 더 겪으면서 티토는 덫이 얼마나 끔찍한 물건인지 알게 되었다. 쇠붙이에서 어떤 냄새가 나는지도 알았다. 그리고 링컨이 남동생을 시켜서 옷으로 개집 입구를 가리고 밖을 내다보지 못하게 한 채 아무리 감쪽같이 덫을 묻어도, 금세 그것을 알아차리고 피할 수 있게 되었다.

하루는 웬일인지 쇠줄이 말뚝에 매여 있지 않았다. 티토는 쇠사슬을 질질 끌면서 어슬렁어슬렁 집 밖으로 나섰다. 그런데 누가 그 모습을 보고 티토에게 새 사냥용 산탄총을 쏘았다. 갑자기 타는 듯한 아픔이 몸을 찔렀다. 티토는 깜짝 놀라 자기가 알고 있는 유일한 은신처인 개집으로 도망쳤다. 쇠줄은 다시 말뚝에 매어졌고, 티토는 무시무시한 총과 화약 냄새를 머릿속에 새겼다. 그리고 그것들을 피하려면 '납작 엎드려야' 한다는 것도 기억했다.

포로가 된 코요테를 기다리는 험한 일은 그것뿐이 아니었다.

목장에서는 날마다 독약으로 늑대 잡는 일에 관한 이야기가 오갔다. 그러니 링컨이 어른들 몰래 코요티토에게 독약을 먹여 봐야겠다고 생각한 것도 놀랄 일은 아니었다. 맹독성 스트리크닌은 엄격하게 통제했기 때문에 손에 넣을 수가 없었다. 그 대신 링컨은 쥐약을 고기에 발라 포로에게 던져 주었다. 그러고는 새로운 화학 물질을 시험하는 교수라도 된 듯 무심하고 태평한 마음으로 옆에 앉아 무슨 일이 일어나는지 지켜보았다.

티토는 고기 냄새를 맡았다. 고기 조각에서 풍기는 모든 냄새가 코를 통과했다. 티토의 코가 무언가 미심쩍다는 신호를 보냈다. 맛있는 고기 냄새, 익숙하지만 역겨운 사람의 손 냄새, 거기에 어떤 낯선 냄새가 섞여 있었다. 하지만 덫의 냄새는 아니었다. 그래서 티토는 고기를 물어 삼켰다.

몇 분이 지나자 뱃속에서 끔찍한 고통이 느껴지더니 경련이 일어나기 시작했다. 늑대 종족은 몸에 해로운 것은 무엇이든 본능적으로 토해 내는 습성이 있다. 티토도 잠시 고통을 겪고는 그 방법으로 고통을 없앴다. 그리고 고통을 더 확실히 없애기 위해 풀잎을 뜯어 먹었다. 그러자 한 시간도 안 되어 몸이 다시 정상으로 돌아왔다.

링컨이 사용한 쥐약은 코요테 열 마리를 죽일 수 있을 만큼 많은 양이었다. 그보다 더 적은 양을 넣었다면, 티토가 고통을 늦게 느끼기 시작해서 고통을 깨달았을 때는 이미 늦을 수도 있었다. 하지만 티토는 건강을 회복했고, 끔찍한 고통을 안겨 준 그 특이한 냄새를 결코 잊지 않았다. 뿐만 아니라, 그때부터 티토는 언제든 대자연이 마련해 둔 약초를 먹으러 달려 나갈 준비가 되어 있었다.

이런 본능은 한 번 알게 되면 빠르게 발달하는 법이다. 처음에는 몇 분 동안 고통을 겪은 뒤에야 복통을 없애 주는 약초를 향해 달려갈 수 있었다. 하지만 경험으로 배운 다음부터는 고통이 시작되자마자 약초부터 떠올렸다. 그 작은 악당은 다시 한 번 티토가 소량의 독이 든 미끼를 삼키게 하는 데 성공했지만, 이제 티토는 어떻게 해야 할지 알고 있어서 거의 고통을 겪지도 않았다.

그러던 어느 날, 링컨의 친척이 불테리어(개의 품종 가운데 하나. 불도그와 테리어를 교배한 품종으로, 털이 짧고 용맹하며 영리하다. 근육질의 다부진 체격을 자랑한다:옮긴이) 한 마리를 보냈다. 소년에게 이 새로운 짝패는 아주 흥미로운 활력소가 되었지만, 코요테에게는 새로운 고난이 시작되었다는 것을 뜻했다.

온갖 시련을 겪으면서 코요테는 '납작 엎드리기'가 얼마나 중요한가를 새삼 깨달았다. 눈앞에 위험이 닥치면 가만히 조심스럽게 숨는 것이 최선이었다. 결국은 집안 어른들이 나서서 코요테를 괴롭히지 못하게 하면서, 티토가 묶여 있는 작은 마당에서 불테리어의 모습은 사라지게 되었다.

이 모든 상황에서 티토가 고분고분 순진한 희생자였다고 생각하면 오산이다. 티토는 물어뜯는 법을 배웠다. 잠든 척하고 있다가, 쇠줄이 닿는 범위 안으로 들어와 먹이를 찾는 닭을 물어 죽인 것도 여러 번이었다. 천성적으로 아침과 저녁을 찬양하는 노래를 부르고 싶어 해서 여러 차례 얻어맞기도 했다. 티토는 노래의 첫 소절을 부르자마자 창문이나 현관문이 덜컹거리는 소리가 나면 입을 다물어야 한다는 것도 배웠다. 이런 소리가 난 다음에는 종종 새 사냥용 산탄총이 '탕' 하고 발사되곤 했기 때문이다. 새 사냥총을 맞아도 큰 부상을 입지는 않았지만, 털가죽이 심하게 따끔거렸다. 이런 여러 가지 일을 겪으면서 티토는 총과 그것을 든 사람들을 더욱 두려워하게 되었다. 티토가 이렇게 노래를 하는 목적은 확실하지 않았다. 티토는 보통 새벽이나 해가 질 무렵에 노래를 불렀지만, 때로는 한낮에도 커다란 소음이 들리면 노래를 시작했다. 티토의 노래는 짧게 연달아 짖는 소리와 구슬픈 울부짖음으로 이루어졌는데, 그 소리가 들리기만 하면 개들이 시끄럽게 짖어 대는 바람에 한바탕 소란이 일었다. 한두 번은 먼 산에서 야생 코요테가 응답을 하기도 했다.

　티토에게 작은 버릇이 하나 생겼는데, 그건 순전히 본능에 따른 것이었다. 다시 말해 유전적인 습성인 것이다. 티토는 자기 집 뒤쪽에 작은 굴을 파고 뼈를 묻어 두기 시작했다. 쇠줄이 닿는 범위 안에 고약한 냄새가 나는 고깃덩이를 묻어 두고 그곳을 정확히 기억했다. 굶주릴 때를 대비한 것이지만, 티토가 배를 곯은 적은 한 번도 없었다. 누가 그 보물을 숨겨 둔 곳으로 다가가면, 티토는 걱정스러운 눈빛으로 지켜볼 뿐 아무 행동도 취하지 않았다. 그러다가 보물을 숨긴 위치가 발각되었다 싶으면 바삐 다른 곳으로 옮겼다.

이렇게 1년이 지나면서 티토는 몸집이 커진 만큼 많은 것을 알게 되었다. 야생의 친척들이라면 목숨을 걸어야만 배울 수 있는 것들이었다. 티토는 덫에 관해 잘 알고 두려워했다. 독이 든 미끼를 피하는 법도 배웠으며, 실수로 그것을 먹었을 때는 즉시 어떤 행동을 취해야 하는지도 알았다. 총이 어떤 것인지도 알게 되었다. 아침과 저녁 노래를 짧게 끊어 부르는 법도 배웠다. 모든 개를 증오하고 믿지 않을 정도로 개에 관해서도 잘 알게 되었다.

하지만 가장 중요한 것은 따로 있었다. 위험이 다가올 때는 땅에 납작 엎드려서 아무 소리도 내지 않고 주의를 끌 만한 행동을 하지 않는 게 최선이라는 것이었다. 변해 가는 노란 눈망울을 통해 밖을 내다보는 티토의 작은 뇌에는 인간에 관한 다른 많은 지식이 쌓였을 테지만, 그게 겉으로 드러나지는 않았다.

티토는 그렇게 다 자란 코요테가 되었다. 그 무렵 목장 주인은 놀라울 만큼 발이 빠른 순종 그레이하운드 한 쌍을 사들였다. 아직도 살아남아 이따금씩 목장의 양과 소를 공격하는 코요테들을 완전히 없앨 수 있을지 알아보고, 동시에 사냥의 재미도 느끼려는 속셈이었다.

목장 주인은 마당에 묶여 있는 코요테에 싫증이 난 참이었다. 그래서 티토를 이용해 개들을 훈련시키기로 하고, 자루에 티토를 던져 넣은 다음 400미터쯤 떨어진 곳으로 끌고 가 풀어 주었다. 동시에 그레이하운드의 목줄을 풀어 주고 코요테의 뒤를 쫓게 했다. 그레이하운드들은 다른 네발짐승들이 도저히 따라갈 수 없는 놀라운 속도로 달리기 시작했다. 코요테도 사람들의 고함 소리에 놀라고 자기가 자유의 몸이 되었다는 사실에 놀라 달아나기 시작했다. 처음에 400미터였던 간격이 어느새 100미터로 좁혀졌다가 다시 50미터로 좁혀졌다. 개들은 나는 듯이 달렸다. 코요테가 이길 가능성은 없어 보였다. 사냥개들은 점점 더 가까이 다가왔다. 이대로 1분만 더 달린다면 티토는 사냥개들에게 잡혀 죽을 것이다. 의심의 여지가 없었다. 바로 그 순간, 티토는 발을 멈추고 몸을 돌리더니 꼬리를 귀 높이까지 쫑긋 세운 채 살랑살랑 흔들며 개들을 향해 걸어갔다.

그레이하운드는 특이한 사냥개다. 달아나는 것은 무엇이든 쫓아가 잡아 죽이려고 하지만, 어떤 동물이 자신들을 조용히 마주보고 있으면 그것이 무엇이든 순식간에 싸울 의지가 사라지는 것이다. 그레이하운드들은 맹렬한 속도를 이기지 못하고 코요테를 뛰어넘어 지나쳤다가 되돌아왔다. 당황한 기색이 역력했다. 꼬리를 흔들며 서 있는 티토를 보고 마당에서 살던 코요테라는 사실이 떠오른 것 같았다. 목동들도 당황스럽기는 마찬가지였다. 다들 뒤통수를 맞은 기분이었고 낭패감을 맛보았다. 진정한 승자는 대담한 어린 코요테라는 것을 인정할 수밖에 없었다.

그레이하운드는 달아나지도 않고 꼬리까지 흔드는 동물을 공격하지 않는다. 사람들은 코요테를 그대로 놓아두면 잡을 수 없을 만큼 멀리 달려갈 수 있다는 것을 깨닫고 서둘러 올가미를 던졌다. 티토는 다시 포로가 되었다.

이튿날 사람들은 다시 한 번 시험해 보기로 했다. 이번에는 하얀 불테리어까지 추격에 나서게 했다. 코요테는 전날처럼 행동했다. 그레이하운드는 그 온순하고 다정한 동물을 공격하려 들지 않았다. 그러나 3분 뒤 숨을 헐떡이며 현장에 나타난 불테리어는 주저함이 없었다. 코요테보다 키는 그리 크지 않지만 몸무게가 더 많이 나가는 불테리어가 털이 북슬북슬한 티토의 목을 물고 흔들었다. 그러자 놀랄 만큼 짧은 시간에 티토의 몸이 축 늘어졌다. 모든 사람이 그 모습을 보고 기뻐하며 불테리어를 칭찬했다. 그레이하운드들은 어쩔 줄 몰라 주위를 어슬렁거렸다.

거기 모인 사람들 중에는 이 지역에 온 지 얼마 안 되는 영국인이 끼어 있었다. 그는 코요테의 꼬리를 가져도 되겠느냐고 물었다. 그러고는 마음대로 하라는 대답을 듣자마자 코요테 꼬리를 들어 올리고 서툰 솜씨로 칼을 휘둘러 꼬리를 중간쯤에서 잘라 냈다. 그러자 쓰러져 있던 코요테가 고통에 못 이겨 비명을 질렀다. 티토는 죽은 게 아니라 죽은 척한 것이었다. 자리에서

벌떡 일어난 티토는 근처에 있던 선인장과 산쑥 덤불 속으로 사라졌다.

달리는 동물은 그레이하운드에게 경주의 출발을 알리는 총소리와 같다. 다리가 긴 그레이하운드 두 마리와 가슴이 넓은 하얀 개 한 마리가 코요테의 뒤를 쫓기 시작했다. 하지만 운이 좋았는지, 바로 맞은편에서 갈색 줄무늬에 붙어 있는 새하얀 분첩 같은 것이 보였다. 눈에 잘 띄지만 금세 사라지는 솜꼬리토끼의 표지였다. 이제 개들의 시야에서 코요테의 모습은 사라지고, 토끼의 모습만 남았다. 그레이하운드들은 전속력으로 솜꼬리토끼를 쫓았다. 하지만 솜꼬리토끼는 프레리도그가 사는 굴을 이용해 어머니 대지의 품에 안겼고, 코요테도 달아나는 데 성공했다.

티토는 불테리어의 거친 공격에 큰 충격을 받은 상태였다. 끝이 잘려 나간 꼬리도 몹시 아팠다. 하지만 다행히 다른 곳은 말짱했다. 티토는 구덩이에 몸을 숨기면서 날쌔게 움직여, 배들랜즈의 아름다운 뷰트 사이로 도망쳤다. 그리고 훗날 리틀 미주리 지방의 코요테 사이에 새 삶을 퍼뜨리는 시조가 되었다.

성경을 보면 모세는 이집트인의 보살핌을 받아 위험한 시기를 넘겼으며, 그들의 지혜를 배워 자신의 백성을 이집트에서 구해 낼 수 있었다. 마찬가지로 꼬리 잘린 코요테도 인간의 손에 목숨을 건지고 위험한 어린 시절을 무사히 넘길 수 있었다. 뿐만 아니라, 사람들이 오래전부터 코요테 종족을 몰살시키려고 사용해 온 덫과 독약, 올가미, 총, 개를 피하는 방법을 자기도 모르는 사이에 바로 사람들에게서 배울 수 있었다.

3

그렇게 인간의 세상을 벗어난 티토는 난생처음으로 생존의 문제에 맞닥뜨려야 했다. 이제 스스로 삶을 꾸려 나가야 했던 것이다.

야생 동물에게는 세 가지 지혜의 원천이 있다.

첫 번째는 조상들의 경험이다. 그것은 본능이라는 모습을 띤 것으로 선택과 고난의 세월이 그 종족을 단련시켜 만들어 낸, 하늘이 내린 지식이다. 처음에는 이것이 가장 중요하다. 태어난 그 순간부터 야생 동물을 지켜 주는 것이기 때문이다.

두 번째는 부모와 동료들의 경험이다. 본보기를 통해 배우는 것이다. 새끼들이 달릴 수 있을 만큼 자라면 이것이 가장 중요해진다.

세 번째는 그 동물 자신의 개인적인 경험이다. 이것은 동물이 나이를 먹으면서 점점 더 중요해진다.

첫 번째의 약점은 불변성에 있다. 빠르게 변화하는 상황에 맞추어 변할 수 없다는 것이다. 두 번째의 약점은 동물이 언어를 써서 생각을 자유롭게 교환할 수 없다는 데에 있다. 세 번째의 약점은 그것을 얻으려면 위험이 따른다는 것이다. 하지만 그 세 가지가 한데 모이면, 각 부분이 서로를 지탱하는 아치처럼 튼튼한 구조를 이룬다.

그런데 티토는 완전히 새로운 경우였다. 티토는 세 번째 지혜는 놀랄 만큼 많이 갖추었지만 두 번째 지혜는 전혀 없고, 첫 번째 지혜는 잠재되어 있기만 했다. 이런 코요테가 야생의 삶에 정면으로 맞선 적은 아마 한 번도 없었을 것이다.

티토는 신속하게 움직여 목동들에게서 멀리 도망쳤다. 사람들 눈을 피해 이동했고, 상처 난 꼬리를 핥을 때만 한 번씩 자리에 앉았다.

그러다가 티토는 프레리도그 마을로 들어서게 되었다. 많은 프레리도그가 밖에 나와 있다가 낯선 침입자를 향해 짖어 댔지만, 티토가 다가가자 재빨리 굴속으로 몸을 숨겼다. 본능은 티토에게 프레리도그를 잡으라고 했다. 하지만 티토는 한동안 이리저리 뛰어다니다가 허탕을 치고 포기했다. 강가에 길게 자란 풀 사이에서 생쥐 한 쌍을 발견하지 못했다면, 그날 밤은 배를 곯아야 했을 것이다. 티토는 어미에게서 사냥하는 법을 배우지는 못했지만, 본능을 통해 알고 있었다. 그리고 비상한 머리 덕분에 신속하게 경험을 활용할 수 있었다.

그 뒤 며칠 동안, 티토는 빠른 속도로 어떻게 먹고살아야 하는지를 배웠다. 그 지역에는 쥐, 들다람쥐, 프레리도그, 토끼, 도마뱀 따위가 많아서 몸을 숨기지 않고도 먹잇감을 쫓아가 붙잡을 수 있었다. 처음에는 대놓고 쫓아가거나 몸을 숨기고 최대한 가까이 다가간 다음 뒤를 쫓는 방법을 썼지만, 나중에는 자연스럽게 살금살금 다가가 막판에 덮치는 방법을 쓸 정도가 되었다. 그리고 채 한 달이 지나기도 전에 티토는 안락한 생활을 할 수 있게 되었다.

한두 번은 사람들이 그레이하운드를 데리고 자기 뒤를 밟는 것을 보기도 했다. 다른 코요테였다면 허세를 부려 짖거나, 적을 살펴보려고 높은 곳으로 올라갔을 것이다. 하지만 티토는 그런 어리석은 짓을 하지 않았다. 그때 만일 티토가 도망을 쳤다면 그 움직임이 개의 눈에 띄었을 테고, 그 무엇도 티토의 목숨을 구할 수 없었을 것이다. 그러나 티토는 그 자리에서 몸을 낮추고 위험이 지나갈 때까지 납작 엎드려 있었다. 목장에서 지내던 시절에 훈련한 납작 엎드리기가 큰 도움이 되었다. 약점이 강점으로 바뀌는 상황이었다.

코요테 종족은 긴 세월 동안 빨리 달리는 것으로 유명했다. 오래전부터 자신의 빠른 발을 믿으라고 배워 왔기에, 자신을 따라

잡을 수 있는 동물이 있으리라고는 꿈에도 생각하지 못했다. 코요테들은 추격자들을 놀리면서 달아나기를 좋아했으므로 그레이하운드가 달려와도 달아날 생각을 하지 않았다. 그러다 보면 이미 때가 늦곤 했다. 하지만 어린 시절부터 쇠줄에 묶여 자란 티토는 빨리 달릴 수가 없었다. 그러니까 제 다리를 믿을 이유가 없었던 것이다. 티토는 그 대신 기지를 믿었고, 그 덕분에 살아남을 수 있었다.

그해 여름, 티토는 리틀 미주리에 머무르면서 젖니를 갈기 전에 진작 배웠어야 하는 작은 동물 사냥 기술을 익혔다. 그리고 점점 더 강해지고 점점 더 빨라졌다. 목장 근처에는 얼씬도 하지 않았고, 사람이나 낯선 짐승이 나타나면 항상 몸을 숨기고 지켜보았다. 그렇게 여름을 홀로 지냈다. 낮에는 외롭지 않았지만, 해가 떨어지면 야성의 노래를 부르고 싶은 충동이 솟구쳐 오르곤 했다. 코요테들에게는 너무나도 소중한 서부의 노래를.

그 노래는 어느 한 코요테가 창작한 것도, 최근에 만들어 낸 것도 아니다. 그것은 먼 옛날부터 오늘에 이르기까지 모든 코요테의 감성을 담아 서서히 생성된 것이었다. 그것은 코요테의 본성과 그 본성을 만들어 낸 평원을 노래한다. 어느 하나가 노래를 시작하면, 다른 코요테들도 그 노래에 마음을 빼앗긴다. 군악대의 나팔소리와 북소리가 병사들의 마음을 사로잡듯이, 승리를 기원하는 노래가 인디언 전사들의 마음을 사로잡듯이. 유리그릇이 다른 소리에는 반응하지 않다가 어떤 일정한 음에만 깨지는 것처럼, 코요테들은 그 노랫소리에 반응한다. 따라서 코요테라면 어떤 어린 시절을 보냈든지 평원에서 들려오는 밤의 노래에 마음이 떨리게 마련이다. 그 노래가 코요테들 내면의 무언가를 건드리기 때문이다.

코요테는 해가 진 뒤에 밤의 노래를 부른다. 그때 그 노래는 동족을 부르는 함성이자 다정하게 이웃을 부르는 소리다. 숲에 들어간 소년이 친구를 향해 외치는 '야호!' 소리에 '여긴 별일 없어. 나는 여기 있는데 너는 어디 있니?'라는 뜻을 담아 보내듯이, 코요테는 노래를 부른다. 코요테는 떠오르는 달을 향해 노래를 부르기도 한다. 사냥을 시작하기에 마침맞은 시간이기 때문이다. 새로 지핀 모닥불을 보았을 때도 노래를 부른다. 개가 낯선 사람을 보고 짖는 것과 같은 까닭에서다. 새벽에 야영지를 몰래 빠져나오기 전에는 또 다른 종류의 기이한 노래를 부른다. 거칠고 기묘한 후렴구를 되풀이하는 것이다.

와우 와우 와우 와우 와우 와아우

이 소리는 계속 반복된다. 목동이 내뱉는 욕설을 코요테가 일

일이 구별할 수 없듯이, 그 노래도 사람이 알아들을 수 없는 이야기를 담고 있을 것이다.

티토는 본능적으로 적당한 시간에 노래를 불렀다. 하지만 어린 시절의 비참한 경험 때문에 낮은 소리로 짧게 끊어서 노래할 수밖에 없었다. 한두 번은 멀리서 동족이 응답한 적도 있었다. 그 소리를 들은 티토는 겁을 집어먹고 재빨리 노래를 멈추어서 연락을 끊었다.

어느 날 티토는 가녀 천 상류에서 고깃덩이를 끌고 지나간 자국을 발견했다. 거기에서는 유난히 군침이 도는 냄새가 풍겼다. 호기심이 생긴 티토는 그 흔적을 쫓기 시작했다. 그리고 금세 고깃덩이가 있는 곳에 도착했다. 티토는 배가 고팠다. 사실 티토는 요즘 늘 배가 고팠다. 고깃덩이는 먹음직스러웠다. 조금 이상한 냄새가 났지만 그것을 삼켰다. 그리고 몇 분 뒤 무시무시한 고통이 티토를 덮쳤다. 순간, 독이 든 고기를 먹었던 기억이 생생히 되살아났다. 몸이 덜덜 떨리면서 입에서 거품이 흘러나왔다. 풀잎을 뜯어 먹었더니 위에서 고기가 튀어나왔다. 하지만 티토는 경련을 일으키며 바닥에 쓰러졌다.

고기를 끌고 간 자국과 독이 든 미끼는 그 전날 울버 제이크가 준비해 둔 것이었다. 이튿날 아침 제이크는 말을 타고 고기를 끌고 간 길을 따라 움직였다. 물이 말라붙은 골짜기 위로 올라오는 순간 저 앞에 코요테 한 마리가 몸부림치는 것이 보였다. 제이크는 코요테가 독을 먹었다는 것을 알고 말을 재촉했다. 그런데 제이크가 가까이 다가가는 동안 코요테가 경련을 멈추었다. 말발굽 소리를 들은 코요테는 필사적으로 앞발을 세우고 몸을 일으켰다. 제이크가 권총을 꺼내어 쏘았지만, 오히려 위험을 확실히 알려 주는 역할만 했을 뿐이다. 코요테는 달아나려고 했다. 하지만 마비된 뒷다리가 말을 듣지 않았다. 티토는 죽을힘을 다해 뒷다리를 끌면서 달렸다. 이제는 위에 독이 남아 있지 않았으므로 정신력이 큰 힘을 발휘할 수 있었다. 티토가 그대로 계속 누워 있었다면 5분 안에 죽음을 맞았을 것이다. 그러나 사람이 다가오는 소리, 그 뒤를 이어 들려온 총소리에 놀란 티토는 필사적으로 몸을 움직였다. 티토는 뒷다리를 움직이려고 미친 듯이 몸부림을 쳤다. 절박한 마음으로 있는 힘을 다했다.

놀라운 속도로 몸을 끌고 산을 내려가는 동안, 티토의 꽉 막힌 신경을 통해 갑자기 10배나 되는 힘으로 신경 물질이 밀려드는 것 같았다. 신경은 결국 의지란 말인가? 증폭되어 폭발적으로 뚫고 들어오는 새로운 힘에 다리의 죽은 신경이 뜨거워졌다. 다리는 그 뜨거운 의지를 그대로 따를 수밖에 없었다.

티토는 다시 생명의 전율을 느꼈다. 발사된 총알이 빗나갈 때마다 티토의 몸에서는 힘이 솟구쳤다. 다시 한 번 격렬히 몸을

움직이자, 한쪽 뒷다리가 부름에 따라 움직였다. 몇 걸음 더 뛰었더니 다른 다리에도 감각이 돌아왔다. 그 뒤 티토는 무너져 내리는 뷰트 사이를 가볍게 내달렸다. 뱃속에서 여전히 계속되는 통증을 무시한 채.

그때 제이크가 쫓아오지 않았다면 티토는 그곳에 드러누워 죽음을 맞았을지도 모른다. 하지만 제이크는 티토를 쫓으면서 계속 총을 쏘아 댔다. 그렇게 2킬로미터를 도망치면서 티토는 어느새 고통을 던져 버릴 수 있었다. 적이 티토를 살려 준 셈이었다. 제이크는 치유를 위해 꼭 해야 할 일을 티토에게 강요한 셈이었고, 티토는 그렇게 달아났다.

그날 티토가 얻은 교훈은 이런 것이었다. 고기에서 나는 이상한 냄새는 죽음에 이르는 고통을 불러온다. 절대 건드리지 말라! 티토는 그 사실을 잊지 않았다. 이제 티토도 스트리크닌에 관해 알게 된 것이다.

다행히 코요테 사냥에 개와 덫과 스트리크닌이 같이 동원되는 일은 없었다. 코요테뿐 아니라 사냥개까지 덫에 걸리거나 독약을 먹을 위험이 크기 때문이다. 그때 개가 한 마리라도 있었다면 티토의 역사는 그날로 끝이 났을 것이다.

4

가을이 끝나 가면서 날씨가 제법 쌀쌀해졌다. 이제 티토는 부족했던 어린 시절의 훈련 내용을 거의 다 채워 넣었다. 여느 코요테와 똑같은 습성을 지니게 되었고, 해 질 무렵 노래도 더 잘 부르게 되었다.

어느 날 밤, 제 노래에 응답하는 소리가 들려오자 티토는 충동을 이기지 못하고 다시 소리를 지르고 말았다. 잠시 후 몸집이 커다랗고 털이 거무스름한 코요테 한 마리가 나타났다. 그곳에 살아남아 살고 있다는 사실만으로도 뛰어난 수컷이라는 것을 뜻했다. 모든 코요테가 목동들과 치열한 전투를 벌이고 있었기 때문이다.

수컷은 조심스럽게 다가왔다. 자신의 종족을 본 티토는 복잡한 감정에 휩싸여 온몸의 털을 곤두세웠다. 티토는 땅에 납작 웅크린 채 기다렸다. 수컷은 바람 냄새를 맡으며 걸어와 바람을 안고 티토 옆으로 다가왔다. 수컷은 티토가 냄새를 맡을 수 있도록 어슬렁거리다가 꼬리를 들어 올리고 살랑살랑 흔들었다. 첫 번째 행동은 싸울 의도가 없다는 뜻을, 뒤에 한 행동은 친해지고 싶다는 뜻을 분명히 한 것이었다. 수컷이 다가오자 티토는 자리에서 벌떡 일어났다. 그리고 가능한 한 몸을 꼿꼿이 세워 제 몸

둘은 서로 친해졌다고 느꼈다.

의 냄새를 맡게 했다. 그러고는 끝이 잘린 꼬리를 흔들었다. 이제 둘은 서로 친해졌다고 느꼈다.

수컷은 몸집이 아주 컸다. 키가 티토의 한 배 반이나 되었고, 어깨에 있는 무늬는 아주 크고 검었다. 그래서 이 수컷을 아는 목동들은 녀석을 '등에 안장 모양의 무늬가 있다'는 뜻에서 '새들백'이라고 불렀다. 그 순간부터 두 코요테는 거의 함께 다니기 시작했다. 그렇다고 늘 붙어 있는 것은 아니어서, 낮에는 몇 킬로미터 떨어져 있는 적도 많았다. 하지만 밤이 되면 어느 한쪽이 높고 탁 트인 곳으로 올라가 큰 소리로 노래를 불렀다.

컹, 컹, 컹, 요오 와우 와우 와우 와우

티토와 새들백은 그렇게 서로를 만나 먹이를 찾아다녔다.

몸집은 새들백이 더 컸지만, 더 영리한 쪽은 티토였다. 그래서 티토가 지도자가 되었다. 한 달도 채 못 되어 세 번째 코요테가 나타나, 이 느슨하게 결합된 집단의 일원이 되었다. 그 뒤 두 마리 코요테가 다시 무리에 합류했다.

하나의 성공은 또 다른 성공을 불러오는 법이다. 꼬리 잘린 작은 코요테에게는 흔치 않은 장점이 있었다. 다른 코요테들이 받지 못한 훈련을 받았다는 것이다. 티토는 사람들이 사용하는 도구를 잘 알았다. 그것들에 관해 말로 알려 줄 수는 없었지만, 이런저런 표현과 수많은 사례를 이용해서 정보를 줄 수는 있었다. 오래 지나지 않아 코요테들은 티토처럼 하면 쉽게 사냥할 수 있다는 것을 알았다. 반면 티토 없이 사냥에 나서면 운이 나쁠 때가 많았다.

박스엘더 목장의 주인은 양 스무 마리를 치고 있었다. 이 목장은 소 방목장이었기 때문에 그곳 카운티의 규정에 따라 더 많은 양을 기를 수는 없었다. 크고 사나운 콜리종 목양견(목장에서 양을 지키고, 밤이 되면 집으로 몰아가도록 훈련받은 개:옮긴이)이 그 양들을 지켰다. 어느 겨울날 코요테 두 마리가 그 양 떼를 급습했는데, 오히려 콜리에게 상처만 입고 물러났다.

며칠 뒤 해가 기울 무렵, 코요테 무리가 다시 나타났다. 티토가 어떻게 그 일을 주도했는지는 알 수 없었다. 티토가 어떤 식으로 각 코요테에게 임무를 맡겼는지도 추측만 할 뿐이었다. 하지만 티토가 일을 주도한 것만큼은 확실했다.

코요테들은 버드나무 사이에 몸을 숨겼다. 그런 다음, 용감하고 민첩한 새들백이 나서서 양 떼 쪽으로 다가가며 큰 소리로 짖었다. 콜리는 갈기 같은 털을 세우고 사납게 으르렁거리며 펄쩍 뛰어올랐다. 적을 발견한 콜리는 바로 달려들었다. 이제 새들백이 믿을 것은 굳은 용기와 믿음직스러운 네 다리뿐이었다. 새들

백은 개가 자기를 거의 덮칠 때까지 기다렸다 도망치고 또 도망치기를 반복하면서 멀리 숲으로 유인했다. 그사이 티토가 이끄는 다른 코요테들은 스무 마리 양이 뿔뿔이 도망치게 했다. 코요테들은 가장 멀리 도망친 양들을 쫓아가서 몇 마리를 죽인 다음 눈밭에 내버려 두었다.

개와 주인은 짙어지는 어둠 속을 돌아다니면서 그때까지 살아남아 "매애 매애" 우는 양들을 모아들였다. 이튿날 아침 사람들은 네 마리 양이 멀리 쫓겨 가서 죽임을 당했으며, 코요테들이 진수성찬으로 흥청망청 잔치를 벌였다는 사실을 알게 되었다.

양치기는 죽은 양의 몸에 독약을 발라 그대로 놓아두었다. 밤이 되자 코요테 무리가 다시 돌아왔다. 티토는 얼어붙은 고기에 코를 가져가 냄새를 맡았다. 독이 있었다. 티토는 다른 코요테들에게 경고를 한 다음, 아무도 건드리지 못하도록 고기 위에 오물을 뿌렸다. 그런데 민첩하지만 어리석은 코요테 한 마리가 티토의 경고를 듣고도 끝까지 고집을 부려 고기를 먹었다. 코요테 무리가 자리를 떴을 때, 그 코요테는 독약에 중독되어 눈 속에서 죽음을 맞았다.

5

제이크는 사방에서 코요테들이 점점 더 심하게 날뛴다는 소식을 들었다. 제이크는 가너 천에서 코요테의 씨를 말리겠다고 작정하고 여기저기에 수많은 덫과 독약을 놓았다. 그리고 시간이 날 때마다 사냥개들을 끌고 침니폿 목장의 남쪽과 동쪽에 걸쳐 있는 리틀 미주리 지역을 돌아다녔다. 덫과 독약을 놓은 곳에는 개를 풀어 놓을 수 없었기 때문이다. 제이크는 겨우내 그렇게 특이한 방식으로 일했고, 어느 정도 성과도 거두었다. 늑대 한 쌍을 죽인 것이다. 그 늑대들은 그 지역에 살아남아 있던 마지막 늑대였다고 한다. 코요테도 몇 마리 잡았는데, 그중 몇몇은 꼬리 잘린 코요테 무리에 있던 것이 분명했다. 그 무리에서 지혜가 부족한 녀석들이 목숨을 잃은 것이다.

그런데도 그해 겨울에는 코요테의 약탈이 끊이지 않았다. 눈 위에 난 발자국이나 목격자들의 증언에 비추어볼 때, 그 모든 일의 중심에는 대개 꼬리 잘린 작은 코요테가 있었다.

이런 사건 가운데 하나는 특히 많은 사람들의 입에 오르내렸다. 어느 날 해가 저문 뒤, 침니폿 목장 가까운 곳에서 코요테가 짖어 대며 싸움을 걸어 왔다. 열 마리가 넘는 개들이 늘 하던 대로 큰 소리로 짖으며 응대했다. 그러나 코요테 울음소리가 들린

곳으로 달려간 것은 불테리어 한 마리뿐이었다. 그 녀석만 목줄이 풀려 있었기 때문이다. 불테리어의 추격은 아무 성과 없이 끝났고, 녀석은 으르렁거리며 금세 다시 돌아왔다.

20분쯤 지나자, 이번에는 코요테가 아주 가까운 곳에서 울기 시작했다. 불테리어는 아까처럼 달려 나갔다. 녀석이 흥분해서 짖는 소리가 들려왔다. 그 소리로 미루어 보아 사냥감을 발견해서 전속력으로 쫓고 있다는 것을 알 수 있었다. 녀석은 사납게 짖으며 달려갔다. 그러다가 그 소리는 점점 멀어졌고, 그 뒤로는 두 번 다시 들리지 않았다.

이튿날 아침, 사람들은 눈 위에 남은 발자국 등 여러 기록들을 보고 전날 밤 무슨 일이 일어났는지 알게 되었다. 코요테들이 처음에 싸움을 건 것은 개들이 매여 있는지 확인하려는 것이었다. 그렇게 해서 한 마리를 제외한 모든 개가 묶여 있다는 것을 확인한 코요테들은 다시 계략을 꾸몄다. 다섯 마리 코요테는 길옆에 몸을 숨기고 한 마리가 앞으로 나와 짖어서 경솔한 불테리어를 불러낸 다음, 다섯 코요테가 숨어 있는 곳으로 유인하기로 한 것이다. 불테리어 한 마리가 무슨 수로 코요테 여섯 마리와 싸워 이긴단 말인가? 코요테들은 불테리어의 사지를 찢어서 먹어 치웠다.

사건의 현장은 예전에 그 불테리어가 코요티토를 괴롭힌 바로 그곳이었다. 이튿날 아침 그곳에 모인 사람들은 여러 정황을 종합해 볼 때 이 모든 일이 계획적으로 이루어졌으며 이 계획을 성공으로 이끈 교활한 놈이 바로 꼬리 잘린 코요테라는 결론을 얻었다.

사람들은 화를 냈고, 링컨은 펄펄 뛸 정도로 격분했다. 그러나 제이크는 이렇게 말할 뿐이었다.

"꼬리 잘린 코요테가 돌아와서 불테리어에게 복수를 한 거야."

6

봄이 다가오면서 해마다 코요테들을 찾아오는 사랑의 계절이 돌아왔다. 새들백과 티토는 겨우내 단순한 동료로 함께 지냈지만, 이제 둘 사이에 새로운 감정이 움트기 시작했다. 복잡한 구애 과정은 생략되었다. 새들백이 유력한 경쟁자들에게 하얀 이빨을 드러내 보였을 뿐이다. 특별한 의식도 없었다. 티토와 새들백은 몇 달 동안 친구로 지냈고, 이제 새롭게 피어난 감정 속에서 서로를 자연스럽게 받아들여 짝이 되었다. 코요테는 사람처럼 상대방 이름을 부르는 대신 으르렁거리며 짧게 짖는 소리를 낸다. '짝'이나 '남편', '아내'로 해석할 수 있는 소리이다. 코요테들은 그 소리로 서로를 부르는데, 음색을 통해 누가 내는 소리인지 알 수 있다.

느슨하게 결합되었던 코요테 무리는 이제 뿔뿔이 흩어졌다. 다른 코요테들도 각자 자기 짝을 찾았다. 날이 따뜻해지면서 프레리도그 같은 작은 사냥감들이 밖으로 나왔으므로, 굳이 여럿이 사냥을 다닐 필요도 없었다.

보통 코요테는 굴 같은 일정한 장소에서 잠을 자지 않는다. 시원한 밤에는 밤새도록 돌아다니고, 낮에는 사방을 둘러볼 수 있는 조용한 산허리에 자리를 잡고 햇볕을 쬐며 몇 시간씩 잠을 잔다. 하지만 짝짓기 철에는 행동이 달라진다.

날씨가 좀 더 따뜻해지자 티토와 새들백은 앞으로 태어날 새끼들을 위한 굴을 준비했다. 늙은 오소리가 살던 따뜻하고 작은 굴을 깨끗이 청소하고, 더 넓고 더 깊게 파 들어갔다. 굴속에는 나뭇잎과 풀잎을 깔아서 안락한 보금자리를 만들었다. 그 보금자리는 리틀 미주리에서 서쪽으로 약 800미터 떨어진 산과 산 사이에 위치했다. 습기 차지 않고 볕이 잘 드는 외진 곳이어서 마음에 들었다. 굴에서 30미터쯤 떨어진 산등성이에서는 비탈져 내린 풀밭과 강변의 미루나무 숲을 훤히 내려다볼 수 있었다. 사람들이라면 전망이 아주 좋다고 말했을 것이다. 하지만 코요테가 그런 면에 신경을 썼을 리는 만무했다.

해 질 녘의 노래

티토는 이제 곧 태어날 새끼들의 어미로서 해야 할 일에 집중하기 시작했다. 티토는 얌전히 굴 가까운 곳에 머무르면서 새들백이 물어다 주는 먹이나 자기가 쉽게 잡을 수 있는 먹이, 미리 묻어 둔 먹이만 먹고 지냈다. 티토는 그 근처에서 쥐와 토끼가 가장 잘 잡히는 곳이 어디인지는 물론, 모든 프레리도그 마을의 위치도 알고 있었다.

티토가 자유를 찾고 꼬리를 잃어버리던 그날 처음 방문했던 프레리도그 마을도 굴에서 그리 멀지 않은 곳에 있었다. 티토가 지난날을 회상할 수 있었다면, '그때는 내가 정말 바보였지.' 하고 생각하며 혼자 웃었을 것이다. 이제 티토는 놀라운 기량을 갖춘 사냥꾼이 되어 있었다.

친구들에게서 멀찍이 떨어진 곳에 자기 마음에 꼭 드는 굴을 만든 프레리도그 한 마리가 있었다. 티토의 날카로운 눈이 그 프레리도그를 찾아냈을 때, 녀석은 굴 입구에서 10미터쯤 떨어진 곳에서 풀을 뜯어 먹고 있었다. 친구들에게서 멀리 떨어져 있는 프레리도그는 마을 한가운데에 있는 것보다 잡아먹기가 쉽다. 주위를 살필 눈이 녀석의 두 눈뿐이기 때문이다.

티토는 녀석을 향해 슬그머니 다가가기 시작했다. 몸을 숨길 것이라고는 짧게 자란 풀밖에 없는 곳에서 어떻게 해야 들키지 않고 다가갈 수 있을까? 북극곰은 광활한 얼음판 위에서 바다표

범에게 다가가는 법을 알고, 인디언은 풀을 뜯어 먹는 사슴에게 놀랄 만큼 가까이 다가가는 법을 알고 있다. 티토도 이런 재주를 부릴 수 있었다. 프레리도그 마을의 주민인 올빼미 한 마리가 하늘을 날면서 경고음을 냈지만 티토는 계획대로 일을 진행했다.

프레리도그는 뒷발로 서서 몸을 일으키지 않는 한, 제대로 주위를 살펴볼 수가 없다. 그리고 풀밭에 코를 박고 있는 동안 프레리도그의 눈은 거의 쓸모가 없다. 티토는 그 사실을 잘 알고 있었다. 게다가 누르스름한 잿빛 풍경 속에 들어 있는 누르스름한 잿빛 동물은, 움직이지 않는 한 눈에 띄지 않는 법이다. 티토는 그것도 잘 알았다.

티토는 기거나 몸을 숨기지 않고 바람을 안은 채 프레리도그를 향해 천천히 걸어갔다. 바람을 안고 움직인 것은 프레리도그가 제 냄새를 맡지 못하게 하려는 게 아니라 자기가 프레리도그의 냄새를 맡기 위해서였지만, 결과는 같았다. 프레리도그가 앞발에 먹이를 들고 몸을 일으키면 티토는 조각상이라도 된 듯 꼼짝도 하지 않았다. 프레리도그가 다시 풀밭에 코를 박으면 조금 더 가까이 다가갔다. 티토는 먹잇감의 움직임을 빈틈없이 관찰했다. 그래서 프레리도그가 멀리 있는 친구들의 움직임을 보고 뭔가 이상한 낌새는 없는지 확인하기 위해 몸을 일으킬 때마다 제자리에서 꼼짝달싹도 하지 않았다. 프레리도그는 친구들의 울

좋은 먹잇감

음소리를 듣고 잠시 경계하는 눈치였지만, 아무것도 발견하지 못하고 다시 먹이를 먹기 시작했다.

티토는 먹잇감과의 거리를 50미터에서 10미터로, 10미터에서 다시 5미터로 줄여 나갔다. 하지만 상대방은 여전히 눈치채지 못하고 있었다. 마침내 프레리도그가 조금 더 먹으려고 다시 몸을 숙이는 순간, 티토가 재빨리 달려들어 버둥거리며 비명을 지르는 프레리도그를 차지했다. 가지치기 칼을 든 천사는 사회생활의 장점을 활용하는 데에 무관심하고 부주의한 동물들을 이런 식으로 쳐내는 것이다.

7

티토가 늘 훌륭한 성과를 거두기만 한 것은 아니었다. 한번은 다 잡은 새끼영양을 놓친 적도 있다. 갑자기 어미영양이 나타나는 바람에 일을 망친 것이다. 어미영양은 티토의 옆머리에 한 방 날렸고, 충격을 받은 티토는 그날 하루 사냥을 쉬어야 했다. 티토는 두 번 다시 같은 실수를 되풀이하지 않았다. 그만한 판단력이 있었기 때문이다.

몇 번은 방울뱀의 공격에 움찔해서 달아나기도 했다. 사냥꾼들이 쏜 장거리용 총의 총탄 세례를 받은 적도 여러 번 있었다.

무시무시한 늑대들을 조심해야 할 때도 많았다. 늑대는 코요테보다 덩치도 훨씬 크고 힘도 세다. 하지만 코요테는 워낙 발이 빨라서 너른 평원에서는 얼마든지 늑대를 피해 달아날 수 있다. 그렇지만 막다른 곳에 몰리지 않도록 늘 조심해야 한다. 소리를 길게 끄는 늑대 울음소리가 들리면 코요테들은 조용히 다른 곳으로 몸을 피하는 것이 보통이다.

티토는 흥미를 끌기는 하지만 먹고 싶지는 않은 것들을 입에 물고 몇 킬로미터씩 돌아다니기를 즐겼다. 늑대와 코요테들이 이따금씩 보여 주는 행동이었다. 땅에 굴러다니던 들소 뿔이나 신발 한 짝을 물고 몇 킬로미터를 걸어갔다가 다른 흥미로운 게 눈에 띄면 입에 물었던 것을 내려놓은 적도 여러 번이었다. 이런 행동을 확인한 목동들은 저마다 기발한 해석을 내놓았다. 그중 하나는 운동하는 사람이 역기를 들듯이 턱을 늘이고 힘을 강화하기 위해 그런 행동을 한다는 것이었다.

개와 늑대들처럼 코요테도 길을 가다가 일정한 장소에 들러서 방문 기록을 남기는 습성이 있다. 이런 알림판은 바위나 나무, 말뚝 같은 것일 수도 있고 들소 해골일 수도 있다. 알림판에 들른 코요테는 최근 방문자의 냄새와 발자국을 보고 누가, 언제 그곳을 찾아와서 어느 방향으로 갔는지를 알아낸다. 이런 알림판은 모든 지역에 널리 흩어져 있다.

코요테는 말라비틀어진 뼈나 다른 쓸모없는 물건을 입에 물고 어슬렁거리다가 이런 알림판을 발견하면, 새 소식을 얻어듣기 위해 가까이 다가가서 입에 물었던 것을 내려놓는다. 그러고는 종종 그것을 잊어버리고 그냥 가 버리곤 한다. 그래서 알림판 주변에는 이런저런 신기한 물건들이 쌓여만 간다.

그런데 그런 특이한 습성이 침니폿의 사냥개들에게 재앙을 불러오면서, 코요테들이 사냥개들과의 전쟁에서 유리한 위치를 차지하게 되는 일이 벌어졌다. 사건은 제이크가 서쪽 절벽 위에 독이 든 미끼를 한 줄로 늘어놓은 데서 시작되었다. 티토는 미끼의 정체를 알고 있었으므로 평소처럼 거들떠보지도 않았다. 그러나 그 뒤에 더 많은 미끼를 발견한 티토는 미끼 몇 개를 모아서 리틀 미주리를 가로질러 목장으로 가져갔다. 티토는 안전한 거리에서 목장 근처를 맴돌았다. 그러다가 뭔가를 발견한 개들이 갑자기 짖어 대기 시작하자 미끼를 내려놓고 돌아갔다.

이튿날, 운동을 위해 풀려난 개들은 그 고깃덩어리를 발견하고 게걸스레 먹어 치웠다. 10분 뒤, 합친 몸값이 400달러나 되는 그레이하운드들이 쓰러져 죽었다. 이 일이 있은 뒤로 그 지역에서는 독이 든 미끼의 사용이 금지되었다. 코요테들에게는 커다란 은총이 아닐 수 없었다.

티토는 다른 종류의 사냥감을 어떤 다른 방법으로 사냥해야

하는지를 금세 깨달았다. 하지만 같은 종류의 사냥감도 어떤 놈인가에 따라 사냥 방법이 다를 수 있었다.

마을 바깥쪽 굴에 살던 프레리도그는 정말 쉬운 먹잇감이었다. 그러나 그 프레리도그가 사라져 버린 지금, 프레리도그 마을의 집들은 모두 다닥다닥 붙어 있었다. 그 마을의 가운데쯤에는 건강하고 크고 뚱뚱한, 완벽한 시의원감인 프레리도그가 살았다. 티토가 몇 번이나 잡으려고 했지만 번번이 실패한 놈이었다. 한번은 뛰면 닿을 수 있는 거리까지 다가간 적도 있었다. 그런데 하필이면 그때 바로 앞에서 독이 오른 방울뱀이 "쯔르르 쯔르르륵" 하는 소리로 티토를 위협한 것이다. 방울뱀은 프레리도그를 보호하려고 한 것이 아니라 자신의 영역을 지키려 했을 뿐이지만, 본능적으로 뱀을 두려워하는 티토는 사냥을 포기할 수밖에 없었다.

몸을 숨기지 않고 몰래 다가가는 방법도 시의원 나리를 잡는 데는 아무 소용이 없었다. 시의원 나리의 굴은 마을 한가운데 있어서 모든 프레리도그가 시의원 나리의 보초병이라고 할 수 있었기 때문이다. 그렇지만 시의원 프레리도그를 포기한다는 건 너무 아까운 일이었다. 그래서 티토는 새로운 계획이 떠오를 때까지 기다리기로 했다.

코요테는 높은 곳에 올라가 길을 지나가는 것들을 지켜보는 습성이 있다. 그것들이 다 지나가면 밑으로 내려와 발자국을 조사한다. 티토에게도 이런 습성이 있었다. 자기 모습이 눈에 띄지 않도록 늘 조심한다는 점은 남달랐지만.

어느 날 마차 한 대가 마을을 출발해서 남쪽으로 가는 모습이 보였다. 티토는 납작 엎드려서 마차를 지켜보았다. 그때 뭐가 또르르 길 위로 떨어졌다. 마차가 사라진 것을 확인한 티토는 살그머니 밑으로 내려가 늘 하던 대로 냄새를 맡은 다음, 떨어져 있는 것을 살펴보았다.

그것은 사과였다. 하지만 티토에게는 흥미로울 게 없는 초록색의 동그란 물체에 지나지 않았다. 가시 없는 선인장 잎처럼 생긴 그 물건에서는 특이한 냄새가 났다. 티토는 그 냄새를 한 번 맡아 보고 그냥 지나치려고 했다. 그런데 그것이 햇빛에 반짝반짝 빛나면서 발로 슬쩍 건드리기만 해도 떼구루루 굴러다녔다. 그 모습을 본 티토는 거의 자동적으로 사과를 집어 물고 언덕을 넘었다. 발길이 닿은 곳은 프레리도그 마을이었다. 바로 그때 커다란 매 두 마리가 평원 위를 해적처럼 이리저리 돌아다니며 날기 시작했다. 매가 나타나자마자 프레리도그들은 일제히 꼬리를 홱홱 흔들며 짖어 대면서 굴속으로 숨어들었다.

프레리도그가 전부 모습을 감추자, 티토는 늘 탐을 내던 크고 뚱뚱한 놈의 굴 쪽으로 걸어갔다. 그러고는 분화구처럼 생긴 굴 입구에서 60센티미터쯤 떨어진 곳에 사과를 내려놓은 뒤, 입구에 코를 들이대고 냄새를 맡았다. 살찐 프레리도그의 냄새가 풍겼다. 놈의 굴에서는 다른 굴에서보다 더 맛있는 냄새가 났다. 티토는 20미터쯤 떨어진 낮은 지대에 무성하게 자란 그리스우드(북아메리카에서 자라는 사르코바투스속의 떨기나무. 예전에는 명아줏과 식물로 분류했으나, 지금은 사르코바투스과로 따로 분류한다 : 옮긴이) 덤불 뒤로 가서 납작 엎드렸다.

 몇 초 뒤, 대담한 프레리도그 한 마리가 밖을 내다보았다. 그리고 아무것도 눈에 띄지 않자 이상 없다고 짖었다. 프레리도그들이 한 마리 두 마리 굴 밖으로 나왔다. 20분쯤 지나자 마을은 다시 활기를 띠었다. 뚱뚱한 시의원 나리는 맨 마지막에 밖으로 나왔다. 시의원 나리는 언제나 자신의 소중한 몸을 아꼈다. 몇 번이고 조심스럽게 밖을 살핀 녀석은 전망대 위로 올라갔다.

 프레리도그의 굴은 깔때기처럼 생겨서 안으로 곧게 들어갈수록 점점 좁아진다. 굴 입구에는 흙으로 높은 둔덕을 쌓아 사방을 살펴보는 전망대로 사용한다. 그래서 서두르다가 미끄러진 프레리도그도 깔때기 속으로 떨어지게 되어 있다. 땅이 가장 훌륭한 보호 시설인 것이다. 깔때기 바깥쪽으로는 완만한 비탈이 이어져 있다.

 시의원은 자기 집 앞에 이상한 둥근 물체가 놓여 있는 것을 보

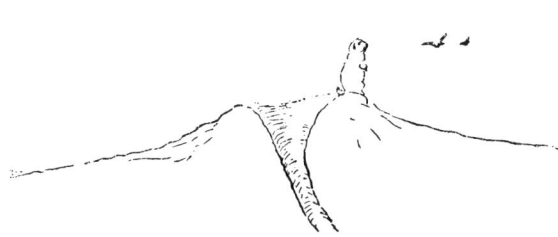

고 덜컥 겁을 집어먹었다. 그러나 다시 찬찬히 살펴보고는 그 물체가 위험한 것이 아니라 흥미로운 것이라는 생각이 들었다. 녀석은 사과 쪽으로 조심조심 다가갔다. 그리고 냄새를 맡고 한 입 베어 물려고 했다. 그러자 사과가 또르르 굴러갔다. 땅은 비탈져 있었고, 사과는 둥글어서 굴러 내릴 수밖에 없었던 것이다. 시의원은 그 뒤를 쫓아가서 한 입 깨물어 보고, 그 흥미로운 물체가 맛도 좋다는 사실을 알게 되었다. 그런데 한 번 두 번 깨물 때마다 사과는 점점 더 멀리 굴러갔다. 이상한 낌새는 전혀 없었고, 다른 프레리도그들도 모두 굴 밖에 나와 있었다. 뚱뚱한 시의원은 아무 거리낌 없이 자꾸 방향을 바꾸며 달아나는 사과를 쫓아다녔다.

사과가 요리조리 구를 때마다 시의원은 뒤를 쫓았다. 사과는 결국 그리스우드 덤불이 무성한 낮은 지대로 굴러 내려갔다. 시의원은 조금씩 맛본 사과의 맛에 감질이 났다. 시의원은 점점 더 욕심이 났다. 그래서 한 발 한 발 보금자리를 벗어나 눈에 익은 덤불로 향했다. 머릿속은 온통 맛있는 사과 생각뿐이었다. 티토는 몸을 웅크리고 발의 근육을 팽팽히 긴장시킨 채 시의원과의 거리를 어림잡았다. 이제 세 번만 뛰면 붙잡을 수 있을 만큼 거리가 가까워졌다. 순간 티토는 쏜살같이 뛰어나가 드디어 놈을 손에 넣을 수 있었다.

시의원과 사과

티토가 사과를 그곳에 놓은 것이 단순한 우연이었는지 계획적인 행동이었는지는 알 수 없다. 그러나 사과가 중요한 역할을 한 것은 사실이었다. 영리한 코요테가 이런 일이 일어나는 것을 몇 번 보게 된다면, 그것을 새로운 사냥 기술로 발전시킬 수도 있을 것이다.

티토는 푸짐한 식사를 즐기고 남은 고기를 서늘한 곳에 묻었다. 버린 것이 아니라 나중에 먹으려고 숨겨 둔 것이다. 얼마 뒤 티토의 몸이 너무 무거워져서 사냥을 많이 못하게 되었을 때는, 이렇게 저장해 둔 먹이가 큰 도움이 되었다. 사실 저장한 고기는 심하게 상해 있었다. 그러나 티토가 큰 병이 든 게 아니었기 때문인지 아니면 미생물에 대해 알지도 못하고 두려워하지도 않았기 때문인지, 탈이 나지는 않았다.

8

아름다운 하이어워사(북아메리카 인디언 오논다가족의 전설적인 영웅으로, 롱펠로의 시 「하이어워사의 노래」로 유명하다. 하이어워사는 인디언 말로 '그가 강을 만든다'는 뜻이다:옮긴이)의 봄이 배들랜즈의 만물에 봄기운을 불어넣고 있었다. 왜 이곳에 배들랜즈라는 이름이 붙었을까? 대자연은 창조의 여드렛날 유유히 자리를 잡고 앉아 "일이 다 끝났구나. 이제는 놀아 보자. 세련되고 멋지고 아름다운 모든 것이 어우러진 곳, 사람과 새와 짐승을 위한 낙원을 만들어 보자."라고 하면서, 이 야성미 넘치는 환상적인 산들을 만들어 낸 것 같았다.

생명력 넘치는 이곳에서는 화려한 꽃들이 앞다투어 피어나 자태를 뽐내고, 수목이 우거진 숲들이 이어지고, 넓은 초원이 반짝반짝 빛나고, 호수와 시내에는 맑은 물이 넘쳐흘렀다. 바로 앞에 있는 산과 가까운 산, 멀리 솟은 산들은 한 걸음 한 걸음 내디딜 때마다 다른 풍경을 펼쳐 보이고, 머리 위의 다채로운 하늘 아래로 그림처럼 아름다운 대지가 펼쳐져 있었다. 또 귀한 암석과 광석으로 빚어져 조각된 뷰트들이 영원히 존재할 것 같은 아름다운 저녁노을에 물들어 저 멀리 우뚝 솟아 있었다.

이런 풍경을 보고 있노라면, 대자연이 다른 지역에서는 아끼고 아껴 두었던 것들을 여기에다 전부 풀어 놓았다는 생각이 들었다. 하지만 아무리 멋지고 황홀한 경치가 펼쳐져 있다 해도, 그것을 볼 줄 모르는 자에게는 기껏해야 '험한 길'에 지나지 않을 것이다.

침니 뷰트 서쪽의 작은 골짜기에도 새로 풀이 돋아났다. 잎이 칼처럼 생겨서 위험해 보이는 두꺼운잎유카는 겨우내 모진 싸움을 치렀지만, 이제 냉정한 과학자들조차 글로리오사(두꺼운잎유

카의 학명 '유카 글로리오사*Yucca gloriosa*'에서 글로리오사는 '영광스러운, 찬란한'이라는 뜻이다:옮긴이)라는 이름을 붙일 정도로 찬란한 꽃을 피워 내고 평화로운 봄을 맞이했다. 모든 풀 가운데 가장 심술궂고 독살스러운 선인장조차, 마치 진주를 낳는 진주조개처럼 자신과는 딴판인 화려한 꽃을 피워 세상을 놀라게 했다. 산쑥과 그리스우드는 들판에 황금빛을 더했고, 아네모네는 배들랜즈의 동산들을 푸른빛을 띤 새하얀 꽃으로 수놓았다. 하늘과 들판과 동산, 눈길이 닿는 모든 곳에서 봄의 풍요가 느껴졌다.

이제 겨울 동안의 굶주림은 끝나고 여름 축제가 시작되고 있었다. 만물의 어머니가 새끼코요테들에게 처음으로 세상의 빛을 보도록 허락한 계절이 바로 이때였다.

어미는 겨우 꼼지락꼼지락 움직이는 새끼들을 사랑하는 법을 따로 배울 필요가 없다. 새끼들은 그 존재만으로도 사랑을 불러온다. 넘치지도 부족하지도 않은, 측정할 수 없지만 완전한 사랑을. 티토는 어슴푸레한 빛이 스며드는 따스한 보금자리에서, 가슴 깊은 곳에서 우러난 애정을 담아 새끼들을 귀여워하고 핥고 껴안아 주었다. 새끼들이 새 삶을 얻은 것처럼, 티토도 새 삶을 살게 된 것이다.

새끼들을 사랑하는 즐거움이 클수록 새끼들의 안전에 대한 염려도 커졌다. 지난 세월, 티토의 관심은 주로 자기 자신에 관한 것이었다. 남들과 다른 어린 시절을 보내면서 배운 것과 그 뒤에 터득한 것이 모두 자기 생명을 지키는 일과 관련이 있었다.

이제 티토는 자기 자신을 향한 애정을 거두어 아낌없이 새끼들에게 쏟아부었다. 티토의 주된 관심사는 보금자리를 눈에 띄지 않게 하는 것이었다. 처음에는 그리 어려울 게 없었다. 자기한테 꼭 필요한 게 있을 때만 새끼들 곁을 떠나면 되었기 때문이다.

티토는 굴을 드나들 때마다 조심 또 조심했다. 귀한 새끼들이 숨어 있는 장소를 행여 누가 볼세라 주변을 꼼꼼히 살펴본 뒤에만 드나들었다.

새끼코요테들이 보는 티토와 목동들이 보는 티토를 나란히 비교하면 어떨까? 둘 다 나름대로 타당한 시각이기는 하지만 둘 사이에 공통점은 하나도 없을 것이다. 목동들에게 티토는 비열하고 교활하며, 잔인한 이빨과 지치지 않는 다리로 가는 곳마다 파괴를 일삼는 코요테였다. 새끼들에게 티토는 부드럽고 애정이 넘치며, 무엇이든지 다 해 주는 보호자였다. 어미코요테의 가슴은 부드럽고 따스하며 한없이 포근했다. 티토는 새끼들을 먹이고 따뜻하게 지켜 주었다. 티토는 현명하고 조심성 많은 보호자였다. 티토는 새끼들의 배를 채울 먹이, 교활한 적을 막아 낼 지혜, 언제든 새끼들을 보호할 용기를 지니고 늘 새끼들 곁을 지

티토와 새끼들

컸다.

아직 앞도 보지 못하고 꼼지락거리기만 하는 못난이 새끼코요테는 어미를 뺀 다른 이들에게는 볼품없는 작은 살덩이일 뿐이다. 하지만 눈을 뜨고 네발로 서서 햇살을 받으며 같이 뛰놀고, 어미가 먹이를 물고 와 조용히 부르는 소리에 달려오는 법을 배운 다음부터는 더없이 귀엽고 사랑스러운 개구쟁이가 된다. 이때부터 티토의 아홉 마리 새끼는 굳이 모성이라는 힘을 빌리지 않고도 한없이 소중한 존재가 되었다.

여름이 되었다. 새끼들은 살코기를 먹기 시작했고, 티토는 새들백의 도움을 받아 온 가족이 먹을 먹이를 물어 나르느라 정신없이 바빴다. 어떤 때는 새끼들에게 프레리도그를 물어다 주었고, 또 어떤 때는 흙파는쥐와 생쥐 여러 마리를 한꺼번에 물어왔다. 한두 번은 커다란 산토끼를 교대로 쫓은 끝에 붙잡아 새끼들에게 갖다 주기도 했다.

배불리 먹은 새끼들은 잠시 따뜻한 햇볕을 쬐며 누워 있곤 했다. 그때마다 티토는 위험한 적이 자신들의 행복한 골짜기를 찾아내는 건 아닐까 싶어, 높은 곳에 올라 놋쇠 빛깔의 날카로운 눈으로 하늘과 땅을 샅샅이 살폈다.

신이 난 새끼들은 술래잡기를 하고, 나비를 쫓아다니고, 서로 필사적으로 싸우는 흉내를 내고, 굴 입구에서 굴러다니는 뼈나

깃털을 잡아 뜯거나 물어 흔들었다. 몸집이 가장 작은 새끼는 어미 옆에 붙어서 등 위에 올라타거나 꼬리를 잡아당겼다. 더없이 사랑스러운 풍경이었다. 첫눈에는 가운데서 뒤엉켜 씨름하는 새끼들이 이 풍경의 중심으로 보일 것이다. 하지만 좀 더 찬찬히 살펴보면 조용히 경계를 늦추지 않고 있는, 걱정이 없는 것은 아니지만 그것을 뛰어넘는 사랑이 듬뿍 담긴 얼굴을 한 어미가 보일 것이다.

티토는 몹시 가슴 뿌듯하고 행복했다. 집으로 들어갈 시간이 될 때까지, 아니면 멀리서 이상한 낌새가 보일 때까지 새끼들을 바라보며 말없이 껴안고 쓰다듬어 주곤 했다. 때가 되면 티토는 나직하게 으르렁거려 신호를 보냈다. 그러면 새끼들은 순간적으로 몸을 숨겼다. 그리고 나서 티토는 위험에 맞서서 그 방향을 돌리려고 출발하거나, 다시 사냥에 나서곤 했다.

9

울버 제이크는 몇 번이나 큰 재산을 모을 계획을 세웠지만, 그러려면 일을 해야 한다는 것을 깨닫고는 번번이 포기하곤 했다. 이런 유형의 사람들은 언젠가 한 번은 가금류 사육장을 차려서 큰돈을 벌 생각을 하게 마련이다. 집에서 날짐승을 기르면 어떻게든 모든 일이 잘될 거라는 막연한 환상을 품는 것이다. 제이크도 구체적인 내용은 생각도 하지 않고 얼마 전 문득 떠오른 계획에 따라, 갑자기 손에 들어온 돈으로 칠면조 열두 마리를 사들였다. 제이크는 칠면조를 잘 키우려고 오두막집 한 귀퉁이를 칠면조들에게 내주었다. 처음 이틀 동안 제이크는 칠면조에게 지대한 관심을 기울이며 각별히 보살폈다. 사실 너무 지나치다고 할 정도였다. 그러나 결국 제이크의 열정은 사흘을 넘기지 못하고 사그라지기 시작했다.

때마침 메도라에서 해마다 열리는 긴 축제가 시작되었다. 제이크는 평소처럼 햇빛이 부서지는 뷰트 꼭대기에 누워 빈둥거리며 시간을 보내다가, 며칠 동안 멀리 떨어진 목장들을 돌아다니며 환대받는 일에 빠져 지냈다. 그러면서 칠면조 사육장에 신경을 쓰는 척하던 것마저 그만두게 되었다. 제이크는 칠면조의 존재를 머리에서 지워 버렸다. 칠면조들은 스스로 먹이를 찾아야 할 신세가 되었다. 제이크가 며칠 동안 밖으로 나돌다가 내키지 않는 걸음으로 오두막집에 돌아와 보면, 그때마다 칠면조의 수가 조금씩 줄어 있었다. 그리고 마침내 늙은 수컷 한 마리만 남고 모두 사라져 버렸다.

제이크는 사라진 칠면조에는 별로 신경 쓰지 않으면서도, 도둑에 대해서는 분노를 느꼈다.

제이크는 이제 늑대 사냥꾼이 되어 굵은 화살촉 표시가 있는 복장을 하고 있었다. 이것은 독약과 덫과 말을 제공받고, 늑대 보상금을 받을 자격을 모두 얻었다는 뜻이다. 목장 주인들은 인심이 후해서 믿을 만한 사람에게는 보수를 더 얹어 주곤 했지만, 제이크는 그 정도로 신뢰 있는 사람이 아니었다.

물론, 모든 늑대 사냥꾼은 일정한 기간 동안에만 작업을 할 수 있다는 사실을 알고 있다.

늦겨울에서 초봄까지 사랑의 계절이 오면, 사냥개들은 암늑대를 사냥하지 않는다. 그 시기의 사냥개들은 수늑대에는 아무 관심도 없고 오직 암늑대의 꽁무니만 따라다닌다. 암컷을 따라잡은 뒤에도, 감정이 시키는 대로 암컷을 편안히 놓아준다.

8월부터 9월까지는 새끼코요테와 새끼늑대들이 독립을 시작하는 때이다. 이 시기에 덫과 독을 사용하면 쉽게 잡을 수 있다. 약 한 달 뒤까지 살아남은 새끼들은 제 앞가림을 할 수 있게 된다. 하지만 초여름에는 이 산 저 산의 굴속에 새끼들이 옹기종기 모여 있다는 것을 늑대 사냥꾼들은 잘 알고 있다. 굴 하나에만 다섯 마리에서 열다섯 마리의 새끼들이 들어차 있다. 문제는 그 보금자리의 위치를 알아내는 것이다.

코요테 굴을 찾는 한 가지 방법은 높은 뷰트에 올라가서 먹이를 물고 새끼들에게 가는 코요테가 있는지 지켜보는 것이다. 이런 식으로 사냥을 하려면 하루 종일 꼼짝도 않고 엎드려 있어야 하는데 그것은 제이크에게 딱 맞는 일이었다. 제이크는 굵은 화살촉 표시가 있는 말과 성능 좋은 쌍안경을 갖추고 몇 주일 동안이나 굴 찾기에 몰두했다. 사실을 말하자면, 웬만큼 사방이 잘 보이는 곳에 누워 자다가, 좀이 쑤셔서 가만히 누워 있기가 힘들어지면 한 번씩 사방을 둘러보는 게 고작이었지만.

코요테들은 넓게 트인 곳은 피해야 한다고 배웠다. 녀석들은 보통 몸을 가릴 게 있는 움푹 파인 구덩이를 따라 보금자리로 돌아갔다. 그렇지만 항상 그럴 수 있는 것은 아니었다.

그날도 제이크는 침니 뷰트 서쪽 지역에서 끈덕지게 자기 일을 하고 있었다. 쌍안경을 통과한 제이크의 시선이 우연히 나무로 가려지지 않은 산허리를 따라 움직이는 짙은 얼룩으로 쏠렸다.

그 회색 얼룩은 이런 모습이었다. 제이크는 그것이 코요테라는 것을 알았다. 늑대라면 이렇게 꼬리를 높이 들고 있을 것이다. 여우라면 이렇게 커다란 귀와 꼬리, 그리고 노란색이 보여야 했다. 사슴이라면 이런 형태였을 것이다. 코요테 앞에 매달린 검은 그림자는 입에 뭔가를 물고 있다는 뜻이었고, 뭔가를 물고 간다는 것은 새끼들이 있는 굴로 간다는 것을 뜻했다.

제이크는 그곳을 주의 깊게 살폈다. 그리고 이튿날 다시 그곳을 찾아가, 코요테가 먹이를 나르던 곳 근처의 높은 뷰트로 올라

갔다. 하루해가 다 가도록 아무것도 눈에 띄지 않았다. 하지만 그 이튿날에는, 멀리서 검은 코요테 새들백이 커다란 새를 입에 물고 가는 모습이 보였다. 쌍안경으로 보니 칠면조였다. 순간 제이크는 이제 자기 집 마당이 텅 비었으리라는 것을 깨달았고, 다른 칠면조들이 어디로 사라졌는지도 알게 되었다. 제이크는 굴을 찾아내기만 하면 무시무시한 복수를 하리라고 다짐했다. 제이크는 두 눈으로 가능한 한 멀리 새들백의 뒤를 쫓았다. 그것은 썩 좋은 방법이 아니었다. 제이크는 새들백을 더 멀리 추적할 수 있을지 알아보려고 새들백이 사라진 곳으로 가 보았다. 그러나 길잡이가 되어 줄 흔적은 하나도 없었다. 결국 제이크는 새끼코요테들의 놀이터인 작은 구덩이를 발견하지 못했다.

그동안 새들백은 작은 구덩이에 도착해서 나지막한 소리로 새끼들을 불러냈다. 아홉 마리 새끼코요테는 이번에도 시끄럽게 옹알거리며 앞다투어 몰려나왔다. 새끼들은 칠면조에 달려들어 고기를 잡아당기고, 찢어질 때까지 물고 흔들었다. 고기 한 점씩을 얻은 새끼들은 이리저리 흩어져서 소리 없이 먹기 시작했다. 다른 새끼가 가까이 다가오면 제 몫을 꽉 물었다. 그리고 밤색을 띤 눈알을 굴려 훼방꾼을 감시하면서 작은 소리로 아르렁거렸다.

연한 살점이 많은 부분을 차지한 새끼들은 이제 배가 빵빵해졌다. 하지만 그러지 못한 세 마리는 서로 칠면조 뼈대를 차지하겠다고 있는 힘을 다해서 싸움을 벌였다. 녀석들은 그것을 두고 싸우면서 이리저리 잡아당기다가 고기 한 점씩을 뜯어내기도 했지만, 실제로는 서로 먹는 것을 방해할 뿐이었다.

결국 디토가 끼어들어서 칠면조를 몇 토막으로 나누었다. 새끼들은 전리품을 하나씩 챙겨서 흩어졌다. 한 녀석은 그것을 깔고 앉아서 씹다가 입맛을 다시더니, 머리를 비스듬히 밑으로 쑤셔 박고 안쪽 이빨로 잡아 뜯으려고 했다. 또 다른 녀석은 자기 몫을 가지고 굴로 뛰어들었는데, 그것은 수컷 칠면조의 기괴한 머리와 목이었다.

10

제이크는 자기 칠면조를 훔쳐 간 코요테 때문에 너무 큰 손해를 입었으며, 심지어 파산했다고까지 느꼈다. 제이크는 새끼코요테들을 발견하면 산 채로 가죽을 벗기겠다고 다짐했다. 그리고 어떻게 가죽을 벗길까 상상하며 즐거워했다.

새들백을 미행하려는 시도는 실패로 끝났다. 사방에서 굴을 찾아보았지만 아무 소용도 없었다. 하지만 비상시에 대비하여 준비해 온 것이 있었다. 굴을 발견할 경우에 대비해서는 곡괭이와 삽을, 굴을 발견하지 못할 경우에 대비해서는 살아 있는 하얀 암탉을 가져온 것이다.

제이크는 마지막으로 새들백을 보았던 곳에서 가까운 빈터로 암탉을 데려갔다. 그리고 암탉이 끌고 다닐 수 없을 만큼 묵직한 통나무에 암탉을 매어 놓았다. 제이크는 근처의 높은 지대에 편안히 자리 잡은 다음 꼼짝 않고 엎드려서 지켜보았다. 암탉은 후다닥 달아나다가 끈이 팽팽해지자 바보처럼 날개를 퍼덕거리며 바닥에 주저앉았다. 잠시 후 팽팽했던 끈이 조금 느슨해지자, 암탉은 또 아무 생각 없이 다른 방향으로 달려가다가 잠시 멈춰 서서 주위를 둘러보곤 했다.

그날은 시간이 천천히 흘렀다. 제이크는 감시대에 담요를 깔고 누워 길게 몸을 뻗었다. 해 질 무렵, 티토가 사냥에 나섰다가 그곳을 지나가게 되었다. 굴에서 800미터밖에 안 떨어진 곳이니 놀랄 일도 아니었다.

티토에게는 이런 규칙이 있었다.

'절대로 지평선에 모습을 드러내지 말라.'

예전에 코요테들은 양쪽을 다 살펴보려고 산등성이를 따라 걷곤 했다. 그러나 티토는 사람들과 총에서 배운 교훈이 있었다. 그런 식으로 걸어가면 반드시 눈에 띈다는 것이다. 그래서 티토는 언제나 산등성이 조금 아래쪽에서 산등성이를 따라 나란히 움직이다가, 한 번씩 건너편을 넘겨다보곤 했다.

티토는 그날도 새끼들의 저녁거리 사냥에 나서서 이런 식으로 걷고 있었다. 한순간 티토의 날카로운 시선이 하얀 암탉에 꽂혔다. 암탉은 넋 놓고 돌아다니다가, 자기를 해칠 리 없는 쇠콘도르(쇠콘도르과에 속하는 사나운 새. 날개와 꼬리가 길며, 아메리카 대륙에 분포한다:옮긴이)가 흰 구름을 등지고 모습을 나타낼 때마다 눈을 치뜨고 하늘을 올려다보았다.

티토는 당황스러웠다. 여기서 이런 날짐승을 만난 것은 처음이었다. 사냥감 같았지만 무작정 덤벼드는 건 꺼림칙했다. 티토는 모습을 드러내지 않고 주변을 빙빙 돌았다. 그러다가 그것이 무엇이든 그냥 놓아두는 편이 낫겠다고 마음을 굳혔다.

티토가 그곳을 지나치는 동안 희미하게 연기 냄새가 풍겨 왔다. 티토는 조심스럽게 그 냄새를 따라갔다. 암탉이 있는 곳에서 꽤 멀리 떨어진 뷰트 밑에 제이크의 야영지가 있었다. 침낭도 있었고, 말도 매여 있었다. 그리고 꺼진 모닥불 위의 주전자에서는 사람들의 숙소에서 나는 냄새가 풍겼다. 티토가 잘 아는 냄새, 바로 커피 향이었다. 자기 집에서 이렇게 가까운 곳에 사람이 머무른다는 사실에 티토는 불안한 생각이 들었다. 하지만 눈에 띄지 않도록 조심하면서 조용히 사냥에 나섰다. 제이크는 티토가 왔다 간 것을 눈치채지 못했다.

해가 지고 올빼미들이 많아지자, 제이크는 미끼로 쓸 암탉을 거두어서 야영지로 돌아갔다.

이튿날에도 제이크는 암탉을 내놓았다. 그날 오후 늦게 새들백이 종종걸음으로 그곳을 지나갔다. 하얀 암탉이 눈에 띄자 새들백은 급히 걸음을 멈추고 머리를 갸웃한 채 그쪽을 바라보았다. 새들백은 바람을 안고 움직이기 위해 주위를 돈 다음, 조금 어리둥절한 기분으로 아주 조심스럽게 다가갔다. 칠면조들을 찾아낸 곳에서 풍기던 것과 같은 냄새가 났다. 암탉은 깜짝 놀라 달아나려고 했지만, 바로 그 순간 새들백이 달려들어 암탉을 세게 물면서 끈까지 끊었다. 새들백은 집이 있는 골짜기를 향해 내달렸다.

제이크는 설핏 잠이 들었다가 꼬꼬댁거리는 암탉 울음소리를 듣고 잠에서 깨어났다. 자리에서 일어나는 순간 새들백이 암탉을 물고 사라지는 모습이 보였다.

제이크는 즉시 땅에 떨어진 암탉의 하얀 깃털을 따라가기 시작했다. 처음에는 암탉이 몸부림을 치면서 깃털이 많이 떨어져 있어서 추격하기가 쉬웠다. 하지만 암탉이 죽은 뒤로는 덤불숲을 통과하면서 떨어진 것 말고는 남기고 간 것이 거의 없었다. 그러나 제이크는 확신을 갖고 조용히 추격을 계속했다. 새들백이 비밀을 폭로할 위험한 전리품을 입에 문 채, 새끼들이 기다리는 집을 향해서 거의 일직선으로 움직이고 있었기 때문이다. 한두 번은 새들백이 방향을 바꾸거나 탁 트인 곳을 지나간 곳에서 잠시 머뭇거리기도 했다. 그러나 하얀 깃털 하나만 떨어져 있어도 적어도 50미터는 추격할 수 있었다. 해가 뉘엿뉘엿 넘어갈 무렵, 제이크는 코요테 굴이 있는 골짜기에서 200미터도 떨어지지 않은 곳에 도착했다.

같은 시간, 골짜기에서는 아홉 마리 새끼코요테가 암탉을 먹으며 즐거운 한때를 보내고 있었다. 암탉을 잡아당겨 찢고, 배불리 먹고, 아르렁거리고, 코 밑에 붙은 하얀 깃털 때문에 재채기를 하고, 목에 걸린 깃털을 뱉어 내는, 그 모든 일이 즐거웠다.

그때 새끼들이 있는 곳에서 제이크 쪽으로 한 줄기 바람이 불었다면 하얀 솜털이 바람에 실려 갔을지도 모른다. 아니면 신 나게 잔치를 벌이는 새끼들의 목소리가 전해졌을 수도 있다. 그랬다면 굴은 즉시 들통났을 것이다. 하지만 다행히 그날 저녁에는 바람 한 점 없었고, 멀리서 떠드는 새끼들의 목소리는 제이크가 깃털을 찾아 덤불을 헤치면서 부스럭대는 소리에 묻혔다.

그즈음 티토도 까치 한 마리를 물고 집으로 돌아오고 있었다.

까치가 죽은 말의 갈비뼈 사이로 들어가 살을 파먹을 때까지 지켜보다가 붙잡은 것이었다. 한순간 티토의 눈에 제이크의 발자국이 보였다. 여기에서 두 발로 걷는 인간은 언제나 경계의 대상이다. 티토는 제이크가 어디로 갔는지 알아보려고 잠시 발자국을 뒤쫓았다. 냄새를 통해 제이크가 가는 방향을 바로 알 수 있었다. 어떻게 냄새로 그것을 알아내는지 설명할 수는 없지만, 사냥꾼이라면 누구나 그냥 그렇다는 것을 안다. 티토는 제이크의 발자국이 곧장 자기 집을 향하고 있다는 것을 알아챘다. 새로운 공포감에 휩싸인 티토는 물고 가던 새를 숨겨 두고 발자국을 뒤따랐다.

몇 분 뒤, 티토는 제이크가 덤불 속에서 내는 소리를 들었다. 끔찍한 위험이 닥쳐오고 있었다. 티토는 소리를 죽인 채 재빨리 멀리 돌아서 굴이 있는 골짜기로 갔다. 그리고 아무 걱정 없이 뛰노는 새끼들이 자기 소리에 놀라지 않도록 신호를 보낸 뒤 새끼들에게 다가갔다. 티토는 골짜기와 굴의 상태를 보고 충격을 받았다. 사방에 눈처럼 하얀 깃털들이 흩뿌려져 있어서 당장이라도 발각될 것만 같았다. 티토는 위험 신호를 보내서 새끼들을 모두 굴속으로 들여보냈다. 빈터는 금방 조용해졌다.

티토는 언제나 코에만 의지해서 길을 찾아왔으므로, 하얀 깃털을 보고서도 그것이 비밀을 누설했다는 것을 알아차리지 못할 수도 있었다. 하지만 현명하고 영리한 티토는 하얀 깃털을 보고 알 수 있었다. 오래전부터 알았던 그 간악한 사내가, 자신에게 불행만을 안겨 준 냄새의 주인공이, 자신이 겪은 모든 시련에 관련되어 있고 거의 모든 위기의 원인이 되었던 그 사내가 사랑스러운 새끼들 가까이 와 있으며, 자기들을 뒤쫓고 있다는 사실을. 이제 몇 분만 있으면 새끼들이 그 사내의 무자비한 손아귀에 들어갈 것만 같았다.

아, 그런 일이 일어날지 모른다는 생각만으로도 어미의 마음은 찢어지는 듯했다. 하지만 따사로운 모성애는 어미의 지혜에 활력을 불어넣었다. 티토는 새끼들을 숨겨 두고 새들백에게 경고 신호를 보낸 다음 서둘러 사내가 있는 곳으로 돌아갔다. 티토는 그 사내가 분명히 발자국을 따라올 테니까, 자기가 지금 더 뚜렷한 발자국을 남기면 그쪽으로 따라올 거라고 생각하면서 사내를 앞질러 갔다. 하지만 해가 저물면 상황이 달라질 수 있다는 것은 미처 깨닫지 못했다. 티토는 한쪽으로 총총히 걸어가서 사내가 자기 뒤를 확실히 따라오도록 최대한 사납게 울부짖었다. 개들의 추격을 유도하면서 몇 번이나 사용한 방식이었다.

크르르르 와우 와우 와아아아아

그러고는 가만히 서 있다가 좀 더 가까이 가서 다시 한 번 울부짖었다. 그리고 다시 훨씬 더 가까이 다가가 울부짖기를 반복했다. 어떻게든 늑대 사냥꾼이 자기를 따라오게 해야 한다는 생각뿐이었다.

늑대 사냥꾼은 울부짖는 코요테의 모습을 볼 수 없었다. 어둠이 깔리고 있었기 때문이다. 제이크는 사냥을 포기할 수밖에 없었다. 제이크의 생각은 어미코요테의 생각과 상당한 차이가 있었지만, 결국은 같은 내용이었다. 제이크는 코요테 울음소리를 듣자마자 어미코요테가 걱정이 되어 자기를 다른 곳으로 유인하려 한다는 것을 알았다. 그래서 새끼들이 아주 가까이 있다는 것을 확신했다. 이제 할 일은 아침에 돌아와 추격을 마무리 짓는 것뿐이었다. 그래서 제이크는 야영지로 돌아갔다.

12

새들백은 자신들이 이겼다고 생각했다. 위험은 사라진 것 같았다. 새들백은 제이크가 발자국 냄새를 따라왔을 거라고 생각했는데, 냄새 흔적은 아침이 되면 별 쓸모가 없기 때문이다. 그러나 티토는 그렇게 안전하다는 느낌이 들지 않았다. 두 발 달린 그 야수는 자기 집과 새끼들 코앞에 있었고, 다른 방향으로 유인

되지도 않았으며, 다시 돌아올 수도 있었다.

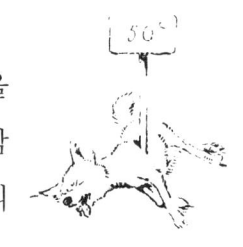

늑대 사냥꾼은 말에게 물을 먹이고 다시 매어 둔 다음, 불을 지펴 커피를 끓이고 저녁을 먹었다. 그리고 잠자리에 들기 전 잠시 담배를 피워 물고 내일 아침에 모아들일 털 달린 작은 머리 가죽들을 머릿속에 그려 보았다.

막 담요를 덮으려는데 저 멀리 어둠 속에서 코요테의 저녁 울음소리가 들려왔다. 한 마리가 아니었다. 제이크는 악마의 미소를 지으며 말했다.

"그래 거기 있군. 좀 더 짖어라. 아침에 내가 갈 테니."

그 소리는 흔히 들을 수 있는 코요테의 점호와 같은 것이었다. 울음소리가 한 번 더 들리더니, 사방이 고요해졌다. 제이크는 곧 모든 생각을 내려놓고 깊은 잠에 빠졌다.

울음소리를 낸 것은 티토와 새들백이었다. 허세를 부리려고 소리를 낸 것은 아니었다. 둘에게는 뚜렷한 목적이 있었다. 제이크가 개를 데려왔는지 알아보려고 한 것이다. 대거리를 하며 짖는 소리가 들리지 않는 것으로 보아 개가 없다는 것이 확실했다.

티토는 깜박거리는 모닥불이 완전히 꺼질 때까지 한 시간을 더 기다렸다. 야영지 주변에서 생명체가 내는 소리는 묶인 말이 풀을 뜯는 소리뿐이었다. 티토는 살금살금 야영지로 다가갔다. 어찌나 조용히 움직였던지, 거리가 6미터로 좁혀질 때까지도 말은 아무것도 알아차리지 못했다. 그러다가 깜짝 놀라 말뚝에 매인 밧줄을 팽팽하게 위로 당기면서 가볍게 콧김을 내뿜었다. 티토는 조용히 다가가서 입을 크게 벌린 다음, 귀 밑의 커다란 가위처럼 생긴 어금니 사이에 밧줄을 밀어 넣고 몇 초 동안 잘근잘근 씹었다. 밧줄은 금세 올이 풀리기 시작했고, 흥분한 말이 계속 팽팽하게 잡아당기는 바람에 얼마 안 되어 마지막 가닥까지 끊어져 나갔다. 그리고 말은 자유를 얻었다. 말은 크게 놀라지 않았다. 코요테 냄새를 이미 알고 있었던 것이다. 말은 세 번 뛰어오르고 여섯 걸음 걸어간 뒤 멈춰 섰다.

제이크는 땅을 박차는 말발굽 소리에 잠에서 깨어났다. 그쪽을 쳐다봤지만, 말은 제자리에 그대로 서 있었다. 제이크는 별일 아니라고 생각하고 다시 조용히 잠들었다.

티토는 슬그머니 자리를 떴다가 그림자처럼 되돌아왔다. 그리고 제이크 가까이 가지 않고 빙 돌아와서 의심스럽다는 듯 커피 냄새를 맡고는 주석 깡통 앞에서 골똘히 생각에 잠겼다. 한편 새들백은 야영지의 필수품인 먹을거리로 가득한 프라이팬을 들여다보고 핫케이크와 그릇에 오물을 뿌렸다. 키 작은 떨기나무에 말굴레가 걸려 있었다. 코요테들은 그게 무엇인지도 몰랐는데, 운이 좋았는지 그것을 여러 조각으로 잘랐다. 그러고는 베이컨과 밀가루가 들어 있는 제이크의 가방을 멀리 끌어가서 모래 속에 파묻었다.

티토와 새들백은 온갖 장난을 친 다음 몇 킬로미터 거리의 수풀 우거진 계곡으로 떠났다. 그곳에는 굴이 하나 있었다. 맨 처음에는 들다람쥐의 한 종류인 줄무늬다람쥐의 집이었는데, 나중에 다른 동물들이 살면서 점점 더 넓어져 있었다. 그 굴속에 사는 동물들을 잡으려고 땅을 판 여우도 조금쯤은 그 굴을 넓혀 놓았으리라. 티토는 여기저기 둘러본 다음 그 굴을 보금자리로 정했다. 그리고 땅을 파기 시작했다.

새들백은 모든 상황을 이해하지는 못했지만 티토를 따라와서 티토의 행동을 지켜보았다. 지친 티토가 밖으로 나오면, 새들백이 구멍 속으로 들어가 킁킁 냄새를 맡은 뒤 뒷다리 사이로 흙을 퍼내면서 땅을 팠다. 뒤쪽에 흙이 수북이 쌓이면 밖에 나와서 흙더미를 멀리 밀어내곤 했다.

티토와 새들백은 몇 시간 동안 계속 땅을 팠다. 말은 할 수 없었지만 이심전심으로 이런 일을 해야 하는 까닭을 공감할 수 있었다. 아침이 밝아 올 무렵에는, 풀이 우거진 골짜기의 굴에 견줄 수는 없어도, 꼭 이사를 해야 한다면 새 보금자리로 삼아도 될 만큼 큰 굴이 완성되었다.

13

늑대 사냥꾼 제이크는 동틀 무렵에야 잠에서 깨어났다. 평원의 사내답게 제이크는 일어나자마자 말부터 찾았다. 그러나 말은 이미 사라진 뒤였다. 뱃사람에게 배가, 새에게 날개가, 상인에게 밑천이 필요하듯이, 평원의 사내에게는 말이 있어야 한다. 그곳에서 말을 잃는다는 것은 배가 바다에서 난파하고, 새의 날개가 부러지고, 장사가 망한 것과 같은 뜻이다. 말없이 평원을 걸어간다는 것은 이 세상의 고통을 모두 짊어지는 일이다. 제이크도 그 사실을 알고 있었다.

잠에서 덜 깬 흐릿한 정신으로 제대로 충격을 느끼기도 전에, 저 멀리 벌판에서 풀을 뜯으며 멀어지는 말의 모습이 눈에 들어왔다. 다시 한 번 자세히 살펴보니 말은 밧줄을 질질 끌며 가고 있었다. 말에서 밧줄이 떨어져 나갔다면, 말을 붙잡으려고 해 봐야 아무 소용도 없다는 것을 알았을 것이다. 그랬다면 바로 굴을 찾아가서 새끼코요테들을 찾아낼 수도 있었을 것이다. 하지만 밧줄이 길게 늘어져 있으니 얼마든지 말을 붙잡을 수 있을 것 같았다. 제이크는 말을 향해 출발했다.

자기 말이 잡힐 듯 잡힐 듯하면서 잡히지 않는 것만큼 사람을 미치게 하는 일도 없을 것이다. 제이크는 무진 애를 썼지만 그

짧은 밧줄을 붙잡을 수 있을 만큼 가까이 다가갈 수가 없었다. 제이크는 계속 말을 따라가다가, 마침내 집으로 가는 길에 들어섰다.

이제 제이크는 아무 생각 없이 걷고 있었다. 딱히 좋은 계획이 떠오르는 것도 아니어서, 그냥 말을 따라 목장으로 돌아가기로 한 것이다.

그런데 10킬로미터쯤 가서 제이크는 드디어 말을 붙잡을 수 있었다. 제이크는 밧줄로 대충 굴레를 만든 다음 안장도 없이 말 등에 올라타고 15분 동안 말을 몰아서 5킬로미터 거리에 있는 양 목장을 향했다. 그곳으로 가는 동안 제이크는 말에게 쉬지 않고 심한 욕설을 퍼부으며 화풀이를 했다. 그것은 물론 아무 도움도 되지 않았고 제이크도 그 사실을 잘 알고 있었다. 하지만 그렇게라도 하지 않으면 분이 풀리지 않을 것 같았다.

제이크는 양 목장에서 음식을 먹고, 코요테 발자국을 추적할 수 있는 잡종 사냥개 한 마리와 안장을 빌렸다. 그리고 오후 늦게야 사냥을 마무리하기 위해 야영지로 돌아갔다. 제이크가 굴의 위치를 알고 있었다면, 잡종 사냥개의 도움 없이도 지금쯤 굴을 발견했을 것이다. 굴은 지난밤 야영한 곳에서 아주 가까운 곳에 있었기 때문이다.

제이크는 100미터도 못 가서 작은 산마루에 올랐다. 그리고 바로 그 산 너머에서 엎어지면 코 닿을 거리에 있는 코요테와 마주쳤다. 코요테는 커다란 토끼를 물고 있었다. 제이크의 권총이 발사되는 순간 코요테가 달리기 시작했다. 사냥개가 사납게 짖으면서 재빨리 그 뒤를 쫓았다. 제이크는 연달아 총을 쏘았지만 총알은 모두 빗나갔다. 제이크는 사납게 짖는 개한테 쫓겨 목숨을 걸고 도망치는 코요테가 왜 계속 토끼를 물고 있는지 의아했다. 제이크는 가능한 한 먼 곳까지 코요테를 쫓으면서 기회가 있을 때마다 총을 쏘았지만, 한 발도 맞히지 못했다.

코요테와 사냥개가 뷰트 사이로 사라지자, 제이크는 개가 계속 쫓아가든 돌아오든 알아서 하라고 내버려 두기로 했다. 그리고 자신은 굴로 돌아갔다. 물론 이번에는 쉽게 굴을 찾을 수 있었다. 제이크는 새끼코요테들이 아직 거기 있다고 믿었다. 새끼들 주려고 토끼를 물고 가는 어미를 보지 않았던가?

제이크는 그날 하루 종일 곡괭이와 삽으로 굴을 파냈다. 그 굴에 누가 살고 있다고 말해 주는 증거는 여기저기 널려 있었다. 제이크는 힘이 불끈 솟아오르는 것을 느끼며 계속 파 들어갔다. 그렇게 힘들게 일한 것은 난생처음이었다. 몇 시간이 지난 뒤 제이크는 굴의 끝까지 파 내려갈 수 있었다. 하지만 그 안에는 아무것도 없었다. 제이크는 끔찍한 충격에 사로잡혀 불운을 탓하고는, 튼튼한 가죽 장갑을 끼고 굴속을 더듬었다. 무언가 단단한 것이 손에 잡혔다. 꺼내 보니 그것은 마지막 수컷 칠면조의 머리와 목이었다. 그날 하루 종일 고생한 끝에 얻은 것은 그게 전부였다.

14

제이크가 말의 꽁무니를 쫓아다니는 동안 티토는 티토대로 바삐 움직였다. 티토는 새들백과 달리, 다 잘될 거라는 헛된 기대만 품고 있을 수가 없었다. 새 굴을 완성하고 나서 티토는 하얀 깃털이 흩어져 있는 작은 골짜기로 급히 돌아왔다. 굴 입구에서 첫 번째로 어미를 맞은 새끼는 어미를 닮아 머리가 넓은 녀석이었다. 티토는 녀석의 목을 물고 3킬로미터나 떨어져 있는 새 집을 향했다. 새 집으로 가는 동안 몇 번이나 새끼가 숨을 쉴 수 있도록 바닥에 내려놓고 쉬어야 했다. 그래서 빨리 움직일 수 없었기 때문에 하루 종일 새끼들을 실어 날라야 했다. 새들백에게는 새끼 옮기는 일을 맡기지 않았다. 움직임이 너무 거칠었기 때문이다.

티토는 가장 크고 똑똑한 새끼부터 시작해서 한 번에 한 마리씩 이사를 시켰다. 늦은 오후에는 가장 작은 새끼 한 마리만 남았다. 밤새워 굴을 판 뒤에 50킬로미터 가까운 거리를, 그것도

반은 무거운 새끼를 입에 물고 걸은 참이었다. 그런데도 티토는 쉬지 않았다. 막내를 입에 물고 막 굴 밖으로 나왔을 때, 골짜기 너머로 잡종 사냥개의 모습이 보였다. 그리고 그 뒤로 늑대 사냥꾼 제이크가 나타났다.

티토는 새끼를 꽉 물고 달아나기 시작했다. 사냥개가 그 뒤를 쫓았다.

탕! 탕! 탕!

총구가 불을 뿜었다.

하지만 총알은 모두 빗나갔다. 산등성이를 넘은 다음부터는 총알이 닿지를 않았다. 지친 어미와 새끼코요테, 그리고 그 뒤를 쫓는 크고 사나운 사냥개가 평원을 질주했다. 티토가 지치지 않고 새끼를 물고 있지 않았다면, 사납게 짖으면서 쫓아오는 꼴 사나운 잡종개쯤은 쉽게 따돌릴 수 있었을 것이다. 하지만 지금 개는 뒤로 처지기는커녕 점점 거리를 좁히고 있었다. 티토는 마지막 남은 힘까지 끌어내어 산비탈을 따라 달렸다. 그곳에서는 거리를 조금 벌릴 수 있었다. 하지만 평지로 내려온 뒤에는 무정한 덤불 때문에 다시 거리가 좁혀졌다. 티토 앞에 다시 넓게 트인 곳이 나타났다.

한참 뒤처져서 가쁜 숨을 몰아쉬며 따라오던 늑대 사냥꾼이 티토를 발견하고 연거푸 총을 쏘았다. 총알은 모두 빗나가면서

티토가 목숨 걸고 도망치고 있다.

흙먼지만 일으켰지만, 티토는 총알을 피하느라 시간을 낭비해야 했다. 사냥개는 총소리에 힘을 얻은 듯했다. 사냥꾼의 눈에는 예전부터 보아 온 꼬리 잘린 코요테가 아직도 새끼들 먹일 산토끼를 고집스레 물고 있는 게 무척 이상했다. 아직도 그것이 산토끼라고 생각한 것이다.

'왜 목숨을 걸고 달아나면서도 저 무거운 것을 내려놓지 않는 걸까?'

그러나 티토가 계속 달려서 기세 좋게 언덕 너머로 사라지자, 말을 데려오지 않은 것을 한탄했다. 개는 10미터쯤 뒤에서 필사적으로 티토를 쫓고 있었다. 그때 갑자기 티토 앞에 둑이 조금 무너져 내린 도랑이 나타났다. 지친 데에다 새끼까지 물고 있는 티토는 감히 뛰어넘을 엄두를 내지 못하고 그곳을 빙 돌아갔다. 하지만 힘이 넘치는 개는 도랑을 쉽게 뛰어넘었다. 티토와 개 사이의 거리는 다시 반으로 줄었다.

하지만 티토는 계속 달렸다. 어린것이 행여라도 가시덤불이나 날카로운 두꺼운잎유카에 긁힐세라, 있는 힘껏 높이 쳐들고서. 그러나 목덜미를 너무 세게 당기는 바람에 새끼코요테는 숨이 막혔다. 당장 내려놓지 않으면 숨이 막혀 죽을 것 같았다. 그렇게 무거운 것을 물고는 사냥개를 따돌릴 수도 없었다. 티토는 도와달라고 소리를 지르려고 했다. 하지만 새끼를 물고 있어서 소리가 나오지 않았다.

　새끼코요테는 숨을 쉬려고 몸부림을 치고 있었다. 새끼를 조금 풀어 주려고 턱에서 힘을 살짝 빼려는 순간, 갑자기 관절이 삐끗하더니 새끼코요테가 쿵 하고 풀밭에 떨어졌다. 인정사정없는 사냥개가 노리는 곳으로. 티토는 사냥개보다 훨씬 더 작았다. 다른 때였다면 티토는 두려움에 사로잡혀 꼼짝도 못했을 것이다. 그러나 지금 티토의 머릿속엔 새끼코요테, 그 어린것 생각밖에 없었다. 사냥개가 흉악한 이빨을 번뜩이며 새끼코요테 쪽으로 뛰어오는 것을 본 티토는 얼른 그 사이로 몸을 날렸다. 그리고 온몸의 털을 곤두세우고 이빨을 드러낸 채 사냥개 앞에 버티고 서서, 무슨 일이 있어도 새끼를 지키겠다는 굳은 의지를 내보였다.

　사냥개는 용감하지 않았다. 믿는 것이라고는 큰 몸집, 그리고 자기 뒤에 사람이 있다는 것뿐이었다. 그러나 사람은 너무 멀리 있었다. 벌벌 떨면서 풀숲으로 숨어들던 새끼코요테를 향한 첫 번째 공격이 실패로 끝나자 사냥개는 잠시 망설였다. 티토는 도와달라고 길게 소리를 질렀다. 소집 신호였다.

　컹, 컹, 컹, 요오 요오 요오오오오
　컹, 컹, 컹, 요오 요오 요오오오오

사방의 뷰트들이 그 소리를 받아 메아리를 만들어서 제이크는 어느 방향에서 소리가 나는지 알 수가 없었다. 하지만 그게 어디에서 나는 소리인지 정확하게 알아차린 존재도 있었다.

멀리서 사람이 외치는 듯한 소리가 들려오자 사냥개는 다시 용기를 얻었다. 사냥개는 다시 새끼에게 달려들었다. 어미는 다시 한 번 제 몸으로 공격을 막았다. 그 뒤 둘은 목숨을 걸고 붙어 싸우기 시작했다.

'아, 새들백이 와 주기만 한다면!'

하지만 아무도 오지 않았고, 이제 티토는 소리를 지를 수조차 없었다. 가까이 붙어 싸울 때는 몸무게만큼 중요한 것이 없다. 티토는 이내 밀리기 시작했다. 끝까지 용감하게 싸웠지만 분명히 지는 싸움이었다. 승리를 눈앞에 둔 사냥개는 용기가 치솟았다. 지금 사냥개의 머릿속에는 어미의 숨통을 끊은 다음 의지가 지없는 새끼를 죽여야겠다는 생각뿐이었다. 다른 어떤 것도 눈에도 귀에도 들어오지 않았다.

그때 가까운 산쑥 덤불에서 회색 줄무늬 하나가 불쑥 튀어나왔다. 순간 목소리 큰 겁쟁이 사냥개는 거의 자기만큼 덩치 큰 적에게 밀려 어깨를 다치면서 나뒹굴었다. 새들백이었다. 새들백은 사냥개에게 돌진해 공격하고는 잠시 멈추었다가 다시 달려들었다. 티토는 간신히 몸을 일으켜 새들백과 함께 사냥개에게

다가갔다.

개는 이길 가능성이 없다는 것을 알고 금세 싸우고자 하는 의욕을 잃었다. 이제는 무사히 달아나기만 바랄 뿐이었다. 바람처럼 빠른 새들백에게서, 악착같이 새끼의 목숨을 지키려는 티토에게서. 하지만 개는 스무 번도 뛰지 못했다. 저 언덕 너머에 있는 주인에게 도움을 청할 겨를조차 없었다. 사냥개는 자기가 찢어 죽이려고 한 어린것으로부터 15미터도 떨어지지 않은 곳에서 두 코요테에게 갈가리 찢겼다.

티토는 위험에서 구해 낸 새끼를 물어 올렸다. 두 코요테는 티토의 걸음걸이에 맞춰 천천히 움직여서 새 굴에 도착했다. 아무도 다치지 않고 온 가족이 다시 모인 것이다. 새 집은 울버 제이크 같은 인간들이 다시 찾지 못할 만큼 먼 곳에 있었다.

티토 가족은 어미가 새끼들의 훈련을 마칠 때까지 그곳에서 평화롭게 살았다. 새끼코요테들은 모두 선대부터 전해 내려온 평원의 지혜와 목동과의 전쟁에서 얻은 후대의 지혜를 익히며 성장했다. 티토의 새끼들뿐만 아니라 그 녀석들의 새끼가 낳은 새끼들도 그러했다.

들소 떼는 사라졌다. 사냥꾼의 총에 무릎을 꿇은 것이다. 영양의 무리도 거의 사라졌다. 들소와 영양들이 감당하기에는 사냥개와 총탄이 너무 많았던 탓이다. 노새사슴(사슴과에 속하며 귀가 길다. 알래스카에서 멕시코에 이르는 북아메리카 서부에 분포한다 : 옮긴이) 무리도 도끼와 울타리 때문에 크게 줄어들었다. 태곳적부터 배들랜즈에 살아온 수많은 동물이 닥쳐오는 새로운 환경에 눈처럼 스러졌지만, 코요테는 사라지지 않을 것이다.

배들랜즈의 수많은 뷰트에서는 코요테의 아침 노래와 저녁 노래가 여전히 들려온다. 평원마다 사냥감이 그득했던 먼 옛날에 그랬듯이. 코요테는 목숨을 앗아 갈 수 있는 덫과 독약의 비밀을 알아냈고, 포수와 사냥개를 물리치는 법을 익혔으며, 사냥꾼과 지혜를 겨룰 수 있게 되었다. 코요테는 사람들이 저지른 온갖 악행에 얽매이지 않고, 인간이 만들어 낸 것이 가득한 땅에서 번성하는 법을 배웠다. 코요테들에게 이런 모든 가르침을 준 것은 바로 티토였다.

소문난 개구쟁이
웨이앗차

아메리카너구리 아메리카대륙에 널리 서식하는 동물, 흔히 라쿤이라고 한다. 우리나라에 사는 너구리와 모습이 비슷하지만 아메리카너구리는 아메리카너구리과에, 너구리는 갯과에 속하는 다른 동물이다. 아메리카 인디언들은 아메리카너구리를 영적인 능력을 지닌 존재로 보기도 했다.

숲의 창조자이자 만물의 어머니인 대자연은 온갖 동물을 만들고 그중에서 숲의 정령을 뽑기로 했다. 곰은 덩치가 너무 큰 까닭에, 사슴은 눈이 오면 너무 눈에 잘 띄어서 스스로를 지키지 못하는 까닭에 후보에서 탈락했다. 늑대는 너무 사납고 살코기만 보면 정신을 못 차리는 바람에 퇴짜를 맞았다.

어머니 대자연은 다른 후보를 찾았다. 드디어 검은 가면을 쓴 밤의 방랑자, 아메리카너구리(아메리카 대륙에 널리 서식하는 동물로, 흔히 라쿤이라고 한다. 우리나라에 사는 너구리와 모습이 비슷하지만 아메리카너구리는 아메리카너구리과에, 너구리는 개과에 속하는 서로 다른 동물이다. 아메리칸 인디언들은 아메리카너구리를 영적인 능력을 지닌 존재로 보기도 했다:옮긴이)가 큰키나무 자라는 숲 속에서 부름에 답을 했다. 어머니 대자연은 아메리카너구리에게 숲과 나무의 요정 드리아스(그리스 신화에 나오는 나무와 숲의 요정:옮긴이)의 재능을 안겨 주었다.

그리하여 떡갈나무 구멍 속의 천진한 거주자인 아메리카너구리는 논밭에서 멀리 떨어진 물가 숲의 정령이 되었다. 인디언들은 숲의 정령이 떠돌며 내는 소리를 잘 알고 있으나, 백인들은 그 소리에 미신적인 두려움을 느낀다.

아, 그대 노래하는 숲 사람이 아메리카너구리에 대해서 하는 이야기를 들어 보라. 녀석들이 얼마나 친절한지, 얼마나 꿋꿋한지, 그리고 농부들이 베지 않고 남겨둔 구새통(속이 썩어서 구멍이 생긴 통나무. 구새라고도 한다:옮긴이) 속을 얼마나 좋아하는지를. 밤에 숲 속을 방랑하는 녀석들이 어떤 노래를 부르는지, 노래를 부르는 까닭이 무엇인지도. 숲 사람이, 불타는 나무의 정기가 담겨 있는 인디언들의 노래만큼이나 아메리카너구리들이 부르는 야생의 날카로운 노랫소리를 좋아하는 까닭이 무엇인지도 알아보라.

만약 그대가 숲 사람의 이런 이야기를 널리 전하고, 세상 사람들이 그 이야기에 귀 기울여 그대가 받은 감동에 공감한다면, 산림 감독관은 끝까지 무자비한 방식을 고집하지 않을 테고, 구새 먹은 나무가 베이는 일도, 꼬리에 고리 무늬가 있는 숲의 은둔자가 사라지는 일도, 숲의 은둔자가 '광기의 달' 아래 부르는 바람의 노랫소리가 그치는 일도 없을 것이다.

숲 사람이 우리에게 전하고 싶은 것이 있다면, 딱 떨어진 표현은 아닐지라도 아마 이런 이야기일 것이다. 아메리카너구리는 성품이 다정한 사람들이 사랑하는 것의 상징이다. 이 나라의 우둔한 의원들이 악법을 만들어 아메리카너구리의 보금자리인 구새 먹은 나무와 녀석들을 모두 없앤다면, 그것은 이 나라가 돈과

돈에 눈먼 사람들에게 완전히 점령당했음을 뜻한다. 내가 눈을 감기 전에 그런 시절이 오지 않기를 바랄 뿐이다.

2

까마귀들이 줄지어 하늘을 날고 청딱따구리 나무 쪼는 소리가 들려오는 3월이 되자 숲은 지금까지와 사뭇 다른 분위기를 띠었다. 해는 지고, 부드러운 별빛만이 녹기 시작한 눈을 비추었다. 예민한 눈을 지닌 숲 속 동물들에게는 그 빛으로 충분했다.

숲 속에서 두 동물이 모습을 드러냈다. 둘은 바닥에 쓰러진 나무줄기를 따라 우듬지까지 단숨에 달려가더니, 통나무를 징검다리 삼아 눈밭을 가로질렀다. 크고 통통한 동물들이었다. 여우보다도 큰 몸집에 꼬리에는 털이 더부룩했다. 밤눈 밝은 올빼미라면 아메리카너구리 종족 특유의 깃발인 고리 모양으로 감은 검은 줄무늬의 꼬리를 볼 수 있었을 것이다.

앞장을 선 것은 몸집이 작은 쪽이었다. 작은 아메리카너구리는 뭐가 불만인지 가끔 안달을 하면서 뒤따르는 쪽을 당장이라도 물 것 같은 시늉을 했다. 상대는 그래도 도망치려 하지 않고 묵묵히 뒤를 따를 뿐이었다. 노래하는 숲 사람이라면 이내 그 둘이 부부라는 것을 알아차렸을 것이다. 동물의 법에 따르면, 곧

태어날 새끼들을 위한 준비는 온전히 어미 몫이다. 어미는 새끼들을 기르기에 적당한 보금자리를 찾아야 한다. 새끼가 태어날 시기도 정확히 알고 있다. 어미는 항해를 책임진 선장인 것이다. 수컷은 곁을 지키다가 적이 나타나면 싸우기만 하면 된다.

둘은 오리나무가 자라는 냇가의 덤불숲을 지나 나무숲이 넓게 펼쳐진 곳에 닿을 때까지 계속 앞으로 나아갔다. 이 숲이 온전히 남아 있는 까닭은 그곳이 저지대의 척박한 땅이었기 때문이다. 그 숲에는 나이 많은 나무들이 대부분을 차지하고 있었다. 곧 엄마가 될 암컷은 이리저리 아름드리나무 사이를 옮겨 다니면서 무언가를 찾고 또 찾았다.

숲 사람은 소나무 중에는 구새 먹은 나무가 거의 없고, 단풍나무는 간혹 구새 먹은 것이 있으며, 구새 먹은 피나무는 사방에 널려 있다는 것을 알고 있다. 대낮에는 숲 사람도 아메리카너구리들이 어느 나무에 항해의 닻을 내리고 정박할지 쉽게 알 수 있다. 구새 먹은 나무의 꼭대기는 죽어 있기 때문이다. 하지만 너구리는 어둠 속에서도 확신을 갖고 한 나무에서 다음 나무로 옮겨 가고 있었다. 나무에 직접 올라가 보지 않아도 자기가 찾는 나무가 아니라는 것을 알 수 있었던 것이다. 마침내 냇물이 강물을 만나 흐르는 강굽이 근처에 도착한 암컷은 이미 다 알고 있다는 듯이 거대한 죽은 단풍나무 위로 기어 올라갔다.

아메리카너구리가 보금자리를 꾸미기에는 더할 나위 없이 좋은 곳이었다. 그 큰 나무는 위험한 늪지대 깊숙한 곳에 우뚝 서 있었고, 가까운 곳에서는 먹이를 주는 냇물이 마법처럼 흐르고 있었다. 크고 아늑한 구새통 속은 보송보송했고, 안쪽 벽과 바닥은 폭신폭신한 썩은 나무로 되어 있었다. 입구의 크기는 아메리카너구리의 몸집에 딱 맞았다. 입구 가까운 곳에는 낮 동안 눈부신 햇빛을 받을 수 있는 커다란 나뭇가지가 뻗어 있었다. 그야말로 완벽한 보금자리로, 아메리카너구리 암컷이 찾아 헤매던 바로 그곳이었다.

3

4월이 되자 새끼들이 태어났다. 다섯 마리 아기너구리는 한결같이 부모를 닮아서 꼬리에는 고리 모양 줄무늬를, 눈 둘레에는 검은 띠를 두르고 있었다. 젖먹이 시절은 빠르게 지나가고 6월이 되었다. 화창한 날이면 새끼들은 집 밖으로 나와 커다란 나뭇가지에 한 줄로 앉아서 햇볕을 쬐었다.

새끼들은 아직 어렸지만 저마다 뚜렷한 개성을 드러냈다. 꼬리가 너무 짧아서 거의 동그래 보이는 새끼는 겁이 많았고, 털빛이 회색인 통통한 새끼는 집에서 나갈 때마다 늘 마지막까지 남

아 있었다. 눈가의 털이 새까만 새끼는 몸집이 크고 활동적이고 무슨 일에든 앞장서려고 하면서도 늘 조용했다. 녀석이 훗날 웨이앗차(웨이앗차는 수 인디언의 부족 연합 다코타족을 이루는 주요 부족인 양크턴족이 아메리카너구리를 부르는 말로, '마법을 지닌 자'라는 뜻이다:옮긴이)라는 이름으로 불릴 새끼였다. 어미의 보살핌을 받는 젖먹이 아메리카너구리들은 간단한 생활 수칙만 지키면 된다. 잘 먹고, 무럭무럭 자라고, 조용히 있는 것이다. 나머지 복잡한 일은 모두 어미 몫이다. 하지만 집 밖으로 나갈 만큼 자라면, 새끼들은 여러 가지 경험을 쌓고 다른 수칙들을 익히기 시작한다.

새끼들은 마음대로 햇볕 쬐는 나뭇가지에 나갈 수 있었다. 위쪽으로 뻗은 잔가지를 타고 더 높이 올라갈 수도 있었다. 하지만 구새통 속 보금자리 아래쪽의 줄기는 나무껍질이 벗겨져서 무척 미끄러워서 한번 내려가면 쉽게 올라올 수 없어 위험했다. 누구든 아래쪽으로 내려가려고 하면, 엄마는 당장 돌아오라고 불호령을 내리곤 했다.

웨이앗차(어미는 웨이앗차를 부를 때도 다른 새끼들을 부를 때처럼 '위르'라고 했지만, 녀석을 부를 때면 목소리에 좀 더 힘이 들어갔다)는 이미 두세 번 경고를 받은 상태였다. 하지만 엄마가 못하게 하면 할수록 언젠가는 한번 내려가 봐야지 하는 마

음만 커져 갔다.

그러던 어느 날 어미너구리가 구새통 속에 있을 때 사건이 터졌다. 웨이앗차는 거칠거칠한 나무껍질을 타고 햇볕 쬐는 나뭇가지 밑으로 쪼르르 내려가 매끈하게 껍질이 벗겨진 곳에 도착했다. 나무 둘레는 웨이앗차의 앞다리로 스무 아름이나 되었다. 녀석은 손에 닿는 것은 무엇이든 움켜쥐려 했다. 하지만 녀석의 몸은 계속 미끄러져 내렸다. 툭 떨어졌다가 기어올랐다가, 다시 아래로, 아래로, 아래로 미끄러지더니 결국 나무 아래 깊은 물속에 풍덩 빠지고 말았다.

다른 새끼들이 질러 대는 비명 소리에 어미너구리는 깜짝 놀라 급히 달려 나왔다. 아래쪽을 내려다보니 큰놈이 냇물에 빠져 허우적대고 있었다. 엄마는 서둘러 새끼를 구하려고 했지만, 웨이앗차의 몸은 물살에 떠밀려 벌써 모래톱에 닿았다. 녀석은 정신을 차리고 기어 나와서 집이 있는 나무로 향했다. 엄마는 반쯤 내려왔다가 녀석이 나무에 기어오르는 것을 확인하고는 다시 올라가 버렸다. 다른 새끼들은 눈빛을 반짝이며 나뭇가지에 앉아 있었다.

웨이앗차는 나무껍질이 벗겨진 곳에 닿을 때까지 씩씩하게 올라갔지만, 더는 오를 수가 없었다. 녀석은 절망감에 사로잡혀 애처로운 소리로 길게 울었다. 엄마는 구새통 속으로 들어가는가 싶더니, 다시 밖으로 나와서 웨이앗차 쪽으로 내려왔다. 그러고는 녀석의 목을 조금 거칠게 잡아당겨서 앞다리 사이에 놓고 옆으로 돌아갔다. 그쪽에는 발톱을 걸 수 있도록 줄기가 갈라진 곳이 두 군데 있었다. 엄마는 웨이앗차가 떨어지지 않도록 뒤를 받쳐 주면서, 올라가는 내내 녀석의 엉덩이를 찰싹찰싹 때렸다.

4

그 사건이 일어나고 두 주가 지났다. 어미너구리는 이제 나무 아래 더 큰 세상으로 새끼들을 데리고 나갈 때가 되었다고 판단하고, 보름달이 뜨기를 기다렸다. 다 자란 너구리는 아주 캄캄한 밤에도 잘 돌아다닐 수 있다. 하지만 이제 막 배움을 시작한 어린 새끼들에게는 빛이 어느 정도 필요했다.

아비너구리가 먼저 나무에서 내려가 근처에 적이 있지나 않은지 주위를 둘러보았다. 이제 새끼들은 미끄러운 나무줄기를 타고 오르내리는 요령을 배웠다. 아래쪽 줄기에서 위로 안전하게 올라갈 수 있는 길은 한곳뿐이었다. 그곳에는 발톱을 따로따로 걸 수 있는 틈이 두 군데 있었다. 엄마가 먼저 내려가는 시범을 보이고 새끼들이 뒤를 따랐다.

새끼들에게는 온 세상이 새롭고 놀라웠다. 녀석들은 돌이며 통나무, 풀, 땅, 진흙 등 모든 것을 일일이 냄새 맡고 만져 보았다. 그중에서도 가장 놀라운 것은 물이었다. 손에 잡히지 않는 맑고 투명한 액체는 웨이앗차를 제외한 새끼들에게는 수수께끼와 같았다. 웨이앗차는 이미 물을 알고 있었다. 아니, 알고 있다고 생각했다.

새끼들은 기쁨에 겨워 어쩔 줄 몰랐다. 녀석들은 통나무를 따라 서로 뒤를 쫓기도 하고 작은 구멍 속에 앞다투어 뛰어들기도 했다. 그러나 어미가 새끼들을 데리고 나온 까닭은 좀 더 중요한 것을 가르치기 위해서였다. 새끼들은 살아 나갈 방법을 찾는 데 필요한 첫 수업을 받아야 했다. 주로 어미가 직접 시범을 보이며 가르쳤다.

아메리카너구리가 먹이 먹는 모습을 본 적이 있는지? 너구리는 물가에 서서 양손을 물에 담그고 날쌔고 민감한 손가락으로 진흙 속을 더듬어 개구리, 물고기, 게 따위를 잡는다. 그동안에도 가까운 곳부터 먼 곳까지 사방을 살피면서 다른 먹이를 찾기도 하고, 적이 다가오지는 않는지 확인을 한다. 어미너구리가 이런 동작을 시범으로 보이자 새끼들은 그 모습을 지켜보았다. 하지만 정작 녀석들의 흥미를 끈 것은 먹이 잡는 방법보다는 엄마 손에 들어온 먹이였다.

새끼들이 조금이라도 더 자세히 보려고 가까이 모여들면서 물

가를 따라 자연스럽게 한 줄이 만들어졌다. 새끼들은 천연덕스럽게 물속에 손을 집어넣고 엄마가 한 그대로 따라 했다. 진흙이 손가락 사이로 미끄러져 나가자 간질간질 묘한 느낌이 들었다. 그러면서 끈처럼 가느다란 뿌리가 손에 닿았는데, 바로 그때 둥그렇게 말린 부드러운 뿌리가 꿈틀거렸다. 순간 온몸에 짜릿한 전율이 느껴졌다. 새끼들은 본능적으로 그것이 사냥감이라는 것을 알았다. 여기까지 온 목적이 바로 그것이었다. 웨이앗차는 그 사실을 깨달았다.

녀석은 엄마가 일러 주지도 않았는데 용케 올챙이를 잡아서 그것을 이빨로 물었다. 순식간에 입안이 모래와 진흙 범벅이 되었다. 웨이앗차는 진흙과 올챙이를 모두 뱉어 냈다. 어미너구리는 바닥에서 하얀 배를 드러내고 팔딱거리는 올챙이를 집어 들어 깨끗한 물에 찬찬히 씻어서 웨이앗차에게 먹으라고 주었다. 웨이앗차도 이제 요령을 터득했다. 그 뒤로 녀석은 아메리카너구리의 식사 습관을 지켜서, 어떤 먹이든 반드시 물에 깨끗이 씻어서 먹었다.

꼬리가 짧고 겁이 많은 동생은 너무 소심해서 엄마 옆에만 붙어 있다가 거의 아무것도 배우지 못했다. 다른 두 동생은 아무짝에도 쓸모없는 말라빠진 뼈다귀 하나를 놓고 싸우느라 정신이 없었다.

"내가 먼저 찾았단 말이야."

서로 이렇게 다투다가, 마침내 한쪽이 실속도 없는 승리를 거두었다. 등에 회색 털이 난 동생은 저 멀리 물에 잠긴 통나무 위에 앉아서 물에 비친 달그림자를 잡으려 하고 있었다. 그러나 웨이앗차는 방금 맛본 작은 성공에 도취해서 사냥에만 열중했다. 녀석은 물가의 진흙 밭을 따라 내려가면서 어미너구리가 했듯이 두리번거리며 주변을 살폈다. 그러면서 진흙 속에 손을 집어넣어 더듬어 보다가 손가락 사이로 진흙을 걸러 냈다. 엄마가 보여 준 행동 그대로였다. 진흙을 한 움큼 집어 올려서 냄새를 맡는 것도 엄마와 똑같았다. 손에 걸린 게 있었는데, 이번에는 아무 쓸모도 없는 진짜 뿌리였다. 웨이앗차는 투덜대면서 그것을 획 집어던졌다. 그 모습은 영락없이 아빠의 모습 그대로였다.

웨이앗차는 새로 배우는 모든 것이 재미있었다. 녀석은 드디어 작고 날랜 손가락으로 진흙 속에 숨어 있던 개구리를 잡는 데 성공했다. 매끈한 몸통이 꿈틀꿈틀하자 웨이앗차는 등에 난 털이 모조리 곤두설 만큼 강한 전율을 느꼈다. 입에서는 아메리카너구리 특유의 탄성이 터져 나왔다. 으르렁거리는 소리와 콧김을 내뿜는 듯한 소리가 뒤섞인 것이었다. 승리의 순간에도 웨이앗차는 첫 수업에서 배운 것을 잊지 않았다. 어린 사냥꾼은 잔치를 즐기기 전에 개구리를 최대한 깨끗이 씻었다.

정말 신 나는 일이었다. 세상에는 기쁨만이 가득했다. 그러나 갑자기 아빠의 울음소리가 들려오면서 모든 것이 순식간에 변했다. 새끼들이 엄마와 함께 물가에서 노는 동안 아빠는 강둑 저 아래쪽에서 망을 보고 있었다. 아비는 미리 약속한 대로 신호를 보냈다. 나지막하게 '푸우푸' 하는 소리를 낸 뒤 작게 으르렁거리는 신호였다. 엄마도 나지막하게 으르렁거리면서 새끼들을 불렀다. 무슨 일이 벌어졌는지는 알 수 없었지만, 순간 새끼들도 바짝 긴장했다. 그때부터 1, 2분쯤 지난 뒤, 털북숭이 아메리카너구리들은 여느 때처럼 한 줄을 이루어서 커다란 단풍나무를 오르고 있었다. 새끼들은 두 개의 갈라진 틈을 기어올라 편안한 잠자리로 뛰어들었다.

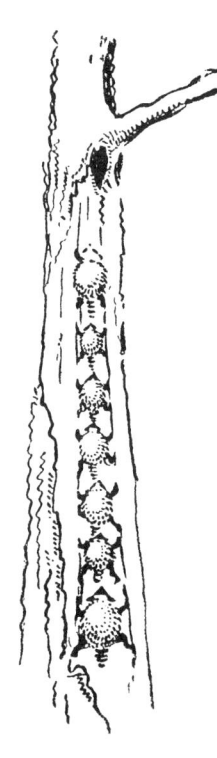

저 멀리 강 쪽에서 굵은 소리가 들려왔다. 어떤 무시무시한 동물이 짖는 소리가 분명했다. 엄마는 구새통 속으로 들어가다가 그 소리를 들었다. 잠시 후 나무줄기로 기어오르는 아비너구리의 몸은 약간 젖어 있었다. 먼 곳까지 발자국을 남겨서 적을 따돌린 뒤 강물에서 헤엄을 쳤기 때문이다. 그러고는 울타리처럼 생긴 덤불 꼭대기를 따라서 집으로 돌아온 것이다. 아빠는 그렇게 해서 어디에도 발자국을 남기지 않았다. 무시무시한 사냥개 울음소리는 저 멀리 사라졌다.

그날 밤 웨이앗차는 앞으로 어떤 아메리카너구리로 살아갈 것인가를 결정짓는 큰 사건들을 겪고 많은 것을 느꼈다. 녀석은 달밤의 사냥, 잠시도 경계를 늦추지 않던 엄마의 모습, 무시무시한 사냥개에게 맞서서 발자국을 중간에 끊어 버려 적을 따돌린 다음 무사히 집으로 돌아온 아빠의 행동을 모두 가슴 깊이 새겼다. 그러나 그 무엇보다도 웨이앗차의 마음을 크게 사로잡은 것은 통통하고 촉촉하고 꿈틀거리는 개구리를 잡았을 때의 환희였다. 이튿날 밤, 녀석은 다시 사냥을 가고 싶어 안달을 했다.

5

많은 동물에게는 육감이라는 것이 있다. 가까이 다가온 위험 따위를 감지하는 능력으로, 한때는 사람에게도 있었을 것이다. 육감은 '닥쳐올 사건을 미리 느끼거나 알아내는 감각 능력', 또는 '운수를 느끼는 감각 능력'이라고 할 수 있다. 그중에 새끼를 돌보는 어미의 육감만큼 강한 것은 없을 것이다.

이튿날 밤, 웨이앗차의 엄마는 왠지 모르게 불길한 느낌이 들었다. 무언가가 잘못된 것 같았다. 엄마는 나무 밑으로 내려가기를 뒤로 미루고, 햇볕 쬐는 나뭇가지에 올라가 사방을 둘러보기도 하고 무슨 소리가 들리는지 귀를 기울이기도 하며 시간을 보냈다. 새끼들은 모두 주린 배를 안고 시무룩해서 앉아 있었다.

웨이앗차는 안달이 나서 견딜 수가 없었다. 아빠는 나무 밑으로 내려갔다가 금세 다시 올라왔다. 새끼들은 칭얼거렸지만, 어미너구리는 꿈쩍도 하지 않았다. 어미의 예민한 귀가 한두 번 강쪽을 향했다. 하지만 아무 소리도 들리지 않고, 아무것도 보이지 않았다.

어미너구리는 한밤중이 되어서야 새끼들을 이끌고 나무 밑으로 내려왔다. 다들 배가 고팠으므로 강둑을 따라 내달려서 첨벙첨벙 물을 튀겼다. 웨이앗차는 먼저 개구리를 잡고, 꼬리 짧은 동생은 올챙이를 잡았다. 그 뒤에는 모두 개구리를 잡았다. 온 세상이 아무 근심 걱정 없는, 즐거움 가득한 커다란 사냥터인 것 같았다.

웨이앗차는 저 멀리 모래톱에서 새로운 종류의 개구리를 발견했다. 납작한 뼈 두 개가 겹쳐 있는 모양이었는데, 입맛 당기는 냄새가 났다. 웨이앗차가 먹이에 손을 가져가는 순간, 뼈 두 개가 맞물리면서 웨이앗차의 손가락을 물었다. 어찌나 세게 물렸던지 녀석은 크게 비명을 질러 댔다.

"엄마! 엄마!"

엄마가 도움을 주려고 급히 달려왔다. 웨이앗차는 아프기도 하고 무섭기도 해서 팔딱팔딱 뛰었다. 어미너구리는 전에도 조개를 본 적이 있었다. 엄마는 단단한 조개껍데기의 연결 부분을 이빨로 와삭하고 깨물었다. 그것으로 상황은 끝났다. 웨이앗차는 깨진 조개껍데기에서 속살만 집어내어 강물에 깨끗이 씻은 다음, 새로운 종류의 개구리라도 되는 것처럼 맛있게 먹었다. 녀석에게는 모든 일이 순조롭기만 했다.

그러나 아빠너구리는 튀어나온 나무뿌리로 올라가서 킁킁 냄새를 맡고 귀를 기울였다. 엄마도 강둑 저편 오솔길에 나 있는 발자국과 냄새를 모조리 조사했다. 어미는 먹이를 찾을 시간도 거의 없었다. 어미의 신비로운 감각에 무엇인가가 강하게 느껴졌다. 어미는 곧바로 새끼들에게 돌아오라는 신호를 보냈다.

새끼들은 마지못해 엄마의 명령에 따랐다. 웨이앗차는 명령을 어길 생각까지 했다. 자기 생각에는 여기 남아 있어야 하는 까닭은 얼마든지 댈 수 있지만, 집으로 돌아가야 할 까닭은 하나도 없는 것 같았다. 하지만 가장 좋은 판단도 상대를 압도하는 힘에는 굴복하기 마련이다. 엄마의 손은 힘이 세고 아빠의 입에서는 금방이라도 불호령이 떨어질 것 같았다. 그리하여 일곱 덩어리의 털 뭉치는 늘 하던 대로 매끈매끈한 단풍나무 계단을 오르기 시작했다.

산 중턱에서 붉은여우가 세 차례 컹컹거렸다. 웨이앗차는 꿈결인 듯 멧종다리가 멀지 않은 곳에서 크게 노래하는 소리를 들었다. 엄마도 무심히 그 노랫소리를 듣고 있었다. 그런데 잠시

웨이앗차가 가족과 함께 달빛을 받으며 사냥을 하고 있다.

후 또 다른 소리가 들려왔다. 저 멀리서 아주 희미하게 들려오는 나지막한 소리였다. 새끼들은 듣지 못한 것 같았지만, 엄마는 그 소리에 털을 곤두세웠다. 북쪽 어딘가에서 이상한 소리가 들려오고 있었다. 바람도 가끔 그런 소리를 낼 때가 있었다. 하지만 이번에는 뭐가 나무에 부딪쳤는지 날카롭게 울리는 소리와 함께 개 짖는 소리까지 들려왔다.

그 소리는 점점 더 가까워지고, 점점 더 커졌다. 나무 사이로 붉은 불빛이 번쩍하더니 곧 한 무리의 남자들이 개들과 함께 나타났다. 숲 속 동물들은 모두 숨을 죽였다. 다행히 저 아래쪽에 새로 생긴 여우 발자국이 사냥개들의 주의를 끄는 덕분에, 개들은 너구리의 보금자리가 있는 단풍나무 근처에는 오지 않았다. 어미너구리는 그날 밤 큰 위기를 아슬아슬하게 넘겼다는 생각에 안도의 한숨을 내쉬었다.

6

이튿날 밤, 어미너구리는 사방팔방을 둘러보고 불어오는 산들바람 냄새를 일일이 맡아 보았다. 그동안 달은 보금자리 근처에 있는 나무 네 그루를 비껴 지나갔다. 엄마는 그제야 평소처럼 사냥을 나갈 수 있게 했다. 웨이앗차와 동생들은 당연히 예전처럼 강가를 따라 내려갈 거라고 생각했지만, 엄마는 그렇게 하지 않았다. 엄마는 상류 쪽으로 방향을 틀었다. 그러고는 잠시 멈춰 서지도, 먹이를 찾지도 않고 계속 올라가기만 했다.

얼마 후 강둑이 반듯하게 뻗은 곳이 나타났다. 수풀이 무성한 그 강둑에서는 개구리들이 폴짝폴짝 뛰어다녔다. 천지 사방에 먹을 것이 널려 있는 것 같았다. 하지만 엄마는 멈추지 않고 계속 앞으로 나아갔다. 큰 바람이 일어나는 것 같은 소리가 들려왔다. 개구리나 사향쥐가 찰박거리는 것 같은 소리도 섞여서 들렸다. 웨이앗차 가족은 그 소리가 나는 곳에 도착했다. 한밤중에 그렇게 큰 소리를 내고 있는 것은 개울물이었다. 바위에서 떨어지는 개울물이 만들어 낸 웅덩이는 달빛을 받아 반짝거렸다.

엄마는 새끼들을 조금 뒤로 물러나게 한 다음, 앞쪽과 주변 상황을 꼼꼼히 살폈다. 그러다가 갑자기 몸을 웅크리더니, 온몸의 털을 곤두세우고 으르렁거렸다. 아빠가 엄마 곁으로 다가왔다. 새끼들은 앞으로 내달리고 싶은 생각이 깨끗이 사라지는 것을 느꼈다.

저 앞에서는 벌써 다른 사냥꾼들이 풍요로운 물가의 사냥터에서 텀벙거리며 개구리로 잔치를 벌이고 있었다. 사냥꾼들의 수는 웨이앗차네 식구들과 거의 같았다. 그중 한 마리가 꼬리를 돌리자, 아메리카너구리 종족의 깃발인 일곱 개의 검은 고리 띠가

분명하게 나타났다.

  문제는 누군가가 불법 침입을 저질렀다는 것이었다. 과연 어느 가족이 이 사냥터의 주인일까? 숲에서는 늘 이 점이 심각한 문제였다. 아빠너구리는 네 다리를 죽 펴고 몸을 높이 들어 올린 채 털을 잔뜩 부풀려 세우고 넓은 물가를 따라 앞으로 걸어갔다. 상대편 가족이 후다닥 움직이는 소리가 들렸다. 세 어린것은 낑낑거리며 제 엄마를 찾아 뛰어갔고, 녀석들의 아빠는 똑같이 네 다리를 죽 펴고 털을 부풀린 모습을 하고는 당장이라도 싸울 기세로 웨이앗차의 아빠를 향해 다가왔다. 두 수컷은 서로를 향해 나지막하게 으르렁거렸다.

  "이봐, 여기서 썩 꺼져! 그러지 않으면 가만두지 않겠어!"

  하지만 어느 쪽도 먼저 덤비려고 하지 않았다. 둘은 잠시 서로 얼굴을 마주 보고 서 있었다. 둘 다 자신이 옳고 상대방이 틀렸다고 생각했다. 저마다 제 가족을 지키고 불법 침입자를 쫓아내야 한다는 생각밖에 없었다. 아비들은 마주 서서 서로를 노려보았다. 새끼들은 양쪽에서 어미 뒤에 달라붙어 있었다.

  동물들이 세력권을 가리는 규칙은 비교적 단순하다. 어떤 장소를 가장 먼저 발견한 동물이 중요한 지점에 자기 몸에서 나온 분비물의 냄새로 표시를 해 놓으면 그곳의 주인이 되는 것이다. 자연은 이런 경우에 쓰라고 독특한 냄새의 분비물을 내는 분비

샘을 만들어 주었다. 하지만 같은 영역을 놓고 두 사냥꾼이 저마다 세력권을 주장하면 싸우는 수밖에 별 도리가 없다. 그때는 더 강한 자가 주인이 된다.

웨이앗차 가족은 어쩌다 보니 몇 주 동안 이 사냥터에 분비물로 표시를 하지 못했다. 웨이앗차 가족의 세력권 표시는 이제 거의 씻겨 사라졌다. 상대편 가족은 비록 나중에 찾아왔지만, 이곳을 자주 이용하면서 세력권을 표시해 두었던 것이다. 두 가족의 주장은 팽팽히 맞섰다. 이제 싸움 외에는 달리 해결할 방법이 없었다.

아메리카너구리에게도 특유의 전투 방식이 있다. 녀석들은 우선 튼튼한 목과 어깨를 방패 삼아 공격을 막으면서 상대에게 접근한다. 그러고는 상대방의 허리를 잡아채서 상대의 몸이 자기 몸 위로 오게 만든다. 그렇게 해서 밑으로 파고든 너구리는 자유로운 뒷발의 갈고리발톱으로 상대의 배를 잡아 찢을 수도 있다. 아니면 앞발로 상대를 붙잡은 채, 그대로 드러난 적의 목 부분을 사정없이 이빨로 공격하기도 한다.

검은 가면을 쓴 웨이앗차의 아빠는 옆쪽에서 조금씩 다가갔다. 웅덩이의 아메리카너구리는 상대가 자기보다 크다는 것을 깨달았다. 그래서 웨이앗차의 아빠가 다가오자 겁을 먹고 조금 뒤로 물러났다.

'검은 가면'이 공격을 시도하자, '웅덩이 너구리'가 피했다. 두 수컷은 날쌔게 비키면서 빙글빙글 돌았다. 팽팽한 접전이었다. 다시 공격이 시작되었다. '검은 가면'의 발이 미끄러졌고, '웅덩이 너구리'가 접근했다. 싸움은 계속되었다. 하지만 어느 한쪽도 싸움의 주도권을 쥐지는 못했다. 힘이 거의 비슷했던 것이다. 두 수컷은 옆으로 구르면서 치열한 다툼을 벌였다. 싸움이 계속되는 동안 새끼들은 저마다 큰 소리로 자기 아빠를 응원했다.

엉겨 붙어 싸우던 두 수컷의 몸이 한순간 비틀거리더니, 풍덩 소리와 함께 깊고 차가운 웅덩이 물에 빠졌다. 열기를 식히는 데는 찬물보다 좋은 것이 없다. 맞붙어 있던 두 전사의 몸이 떨어져 나갔다. 밖으로 기어 나온 수컷들은 놀랄 만큼 달라져 있었다. 둘은 이제 싸우고 싶지가 않았다. 두 수컷은 상대방이 자기 세력권에서 사냥을 한다는 사실에 더 이상 신경 쓰지 않기로 했다. 몸과 함께 흥분한 마음까지 식어 버렸다.

얼굴에는 화난 표정이 살짝 나타나 있고 몇 번씩 나지막이 으르렁거리기도 했지만, 두 수컷은 저마다 자기 가족과 함께 물웅덩이 근처에서 사냥을 시작했다. 한 가족은 수풀이 무성한 곳에, 다른 가족은 밋밋한 땅에 자리를 잡았다.

첫 만남은 힘했지만 두 가족은 곧 좋은 친구가 되었다. 그 사

냥터에는 두 가족이 사냥하고도 남을 만큼 많은 먹이가 있었다. 웨이앗차 형제들은 불룩 튀어나온 배와 즐거운 마음을 안고서 매끈매끈한 나무 위의 집으로 돌아갔다.

7

웨이앗차는 어미너구리가 하는 많은 일들에 불평을 해 댔다. 녀석은 상류 쪽으로 가고 싶은데 엄마가 하류 쪽으로 내려가자고 하면, 무조건 엄마가 틀렸다고 생각했다. 엄마는 별것도 아닌 소리에 놀라서 때가 되어도 저녁을 먹지 못하게 하는 것 같았다. 그럴 때마다 웨이앗차는 아무한테나 골을 냈다. 엄마가 강가의 돌멩이에서 낯선 사향 냄새를 맡고 겁을 내면, 녀석은 하나도 안 무섭다고 우겨 댔다.

어느 날 밤, 아메리카너구리 가족은 여느 때처럼 사냥에 나섰다. 엄마는 바람에 실려 온 냄새를 확인하고 하류 쪽으로 가자고 했다. 하지만 웨이앗차는 아까부터 갖가지 먹이가 넉넉한 상류의 물웅덩이를 떠올리며 즐거워하고 있었다.

웨이앗차는 뒤로 처졌다. 그러다가 엄마가 부르자, 한동안 뒤를 따르는 시늉을 했다. 바로 그때 녀석의 날카로운 눈에 걸려드는 것이 있었다. 가까운 물가에서 무언가가 움직이고 있었다. 녀

석은 한창 솜씨가 늘고 있는 사냥꾼다운 활기찬 태도로 달려들어서 꽤 큰 가재를 잡았다. 그러고는 그것을 깨끗이 씻어서 몸통과 딱딱한 다리를 먹어 치웠다. 웨이앗차는 엄마가 동생들을 데리고 가면서 부르는 소리도 무시했다. 녀석은 자신이 거둔 조그만 승리에 도취해서 독립이라도 한 것 같은 기분이었다. 엄마가 부르는 소리가 계속 들렸지만, 녀석은 몸을 돌려서 계획한 대로 상류의 웅덩이를 향해 나아갔다.

웨이앗차는 작은 사냥감을 몇 번 붙잡은 뒤에 개울물이 떨어지는 곳에 도착했다. 그런데 바로 그날 그곳에는 또 다른 방문자가 있었다. 덫사냥을 하는 인디언 피트였다. 피트는 전에 이 웅덩이를 발견했는데, 그 주변에서 아메리카너구리와 사향쥐의 발자국도 찾아냈다. 요즘 같은 계절의 모피는 품질이 나빠서 쓸모가 없지만, 고기는 먹을 수 있었다. 피트는 진흙 속에 커다란 강철 덫을 숨기고, 물가에서 조금 더 멀리 떨어진 곳의 작은 나뭇가지를 동물 기름과 사향을 묻힌 헝겊 조각으로 문질러 두었다.

아아, 바로 그 냄새, 가여운 어미너구리가 그토록 무서워하던 낯선 사향 냄새가 풍겨 오고 있었다. 웨이앗차는 그 냄새를 조사하겠다고 마음먹었다. 녀석은 냄새가 나는 곳까지 내려가 킁킁거리면서 돌아다녔다. 그러고는 평소에 하던 대로 전후좌우를 살펴보면서 진흙 속을 더듬었다. 그 순간 '짤깍', '철커덕' 하는

소리가 났다. 웨이앗차의 앞발이 무서운 강철 덫에 걸린 것이다.

웨이앗차는 그제야 엄마 생각이 나서, 여리고 낮은 소리로 길게 울음을 뽑았다. 하지만 엄마는 너무 멀리 있었다. 그 사실을 깨달은 웨이앗차는 전에 조개에 물렸던 일을 떠올렸다. 그러나 아무리 힘껏 당기고 물어뜯어도, 무시무시하고 튼튼한 덫은 꿈쩍도 않고 앞발을 단단히 물고 있었다. 그리고 덫에 매달려 있는 비비 꼬인 뿌리 같은 것은 웨이앗차를 꼼짝달싹도 못하게 그 자리에 묶어 두었다. 웨이앗차는 밤새도록 울부짖고 흐느껴 울고 몸부림을 쳤지만 아무 소용이 없었다.

해가 떠올랐을 때, 녀석은 기진맥진한 채로 목이 쉬어 있었다. 그곳을 다시 찾은 인디언 피트는 사향쥐를 잡으려고 놓은 덫에 아메리카너구리 새끼가 걸려 있는 것을 보고 깜짝 놀랐다. 새끼 너구리는 추위와 공포로 초주검이 되어 제대로 저항 한 번 하지 못했다.

사냥꾼은 새끼너구리를 덫에서 꺼내 자루에 집어넣었다. 아직은 어떻게 해야겠다고 확실한 결정을 내리지 못한 상태였다.

집으로 돌아가던 피트는 피곳 씨의 농장 앞을 지나게 되었다. 피트는 피곳 씨의 아이들에게 어린 아메리카너구리를 보여 주었다.

웨이앗차는 비참한 몰골로 추위에 떨고 있었다. 그 모습을 본 피곳 씨의 큰딸은 웨이앗차를 따뜻하게 품어 주었다. 그러자 녀석은 착 달라붙어서 큰딸의 환심을 샀다. 피곳 씨의 큰딸은 아버지를 졸라 웨이앗차를 샀다. 인디언 피트는 새끼너구리에게 자기 부족의 말로 '웨이앗차'라는 이름을 지어 주었다.

그리하여 밤의 방랑자는 새 집을 갖게 되었다. 그곳에서 극진한 보살핌을 받으며 며칠을 보낸 녀석은 건강을 되찾았다. 웨이앗차는 아기너구리 동생들 대신 아이들과 놀았다. 그리고 개구리 대신 다른 신기한 것들을 먹었다. 그러나 웨이앗차는 여전히 기회만 있으면 갈색 앞발을 진흙 같은 축축한 것에 담그고 싶어 했다. 우유나 빵을 먹을 때도 고양이 같은 얌전한 동물들처럼 행동하지 않았다. 녀석은 언제나 빵 속에 앞발을 집어넣은 다음 조금씩 뜯어 먹었고, 우유는 엎지르기 일쑤였다.

8

피곳 씨의 농장에는 웨이앗차가 벌벌 떠는 식구가 하나 있었는데, 로이라는 이름의 개였다. 로이는 양을 돌보기도 하고 집을 지키기도 했지만, 대개는 마당을 지켰다. 웨이앗차를 처음 본 로이는 사납게 으르렁거렸고, 웨이앗차는 깽깽거렸다. 두 짐승 모두 어깨에 난 털을 곤두세우고는 얼마나 흥분했는지를 보여 주

었다. 둘은 냄새만 맡고도 상대편이 조상 대대로 전쟁을 벌여 온 적이라는 것을 본능적으로 깨달았다.

피곳 씨의 아이들은 집안의 평화를 위해 그 둘이 마주치지 않도록 조심해야만 했다. 하지만 전쟁은 일어나지 않았다. 얼마 지나지 않아 로이는 너구리를 너그럽게 봐주기 시작했고, 너구리도 로이를 아주 좋아하게 되었기 때문이다. 두 주가 채 지나기도 전에, 웨이앗차는 로이의 푹신푹신하고 따뜻한 가슴 털에 폭 파묻힌 채 낮잠을 즐길 수 있었다.

웨이앗차는 힘이 점점 세지면서 아주 심한 장난꾸러기가 되었다. 녀석의 행동은 반은 원숭이, 반은 새끼고양이 같았다. 녀석은 항상 즐거움이 넘쳤고, 귀여움을 받고 싶어 했으며, 늘 배가 고팠다. 웨이앗차는 어디에서 맛있는 음식을 얻을 수 있는지도 금세 알아냈다. 아이들은 웨이앗차에게 줄 맛있는 음식을 주머니에 넣어 가지고 다녔고, 녀석은 그 사실을 잘 알고 있었다. 그래서 심지어는 낯선 사람이 방문했을 때 손님의 다리를 타고 올라가 주머니를 뒤져서 먹을 것을 찾기도 했다.

녀석의 모습이 몇 시간 동안이나 보이지 않을 때도 있었다. 그러면 무슨 일인지 의심부터 해야 했다. 어느 날 피곳 부인은 여름에 만든 저장 식품을 넣어 둔 창고로 갔다. 그때 뭐가 바삐 움직이며 낑낑대는 소리가 들렸다. 웨이앗차였다.

녀석은 빠끔히 뜬 두 눈만 빼고는 온몸이 자두잼으로 범벅이 되어 있었다. 녀석은 마치 빨래를 하듯이 잼 항아리에 두 앞발을 집어넣고는 휘휘 젓고 있었다. 무엇을 찾고 있었을까? 녀석은 더 이상은 집어넣을 수 없을 만큼 배가 불렀다. 그리고 지금은 숲 속에 살던 때의 기억을 되살려 잼과 주스에 앞발을 담그고는 자두씨를 찾고 있었다. 녀석은 자두씨를 하나하나 꺼내서 살펴본 뒤 바닥에 팽개쳤다. 여기저기 자두씨가 나뒹굴었다. 선반 위의 잼 항아리들은 죄다 뚜껑이 열려 있고 선반에는 잼이 덕지덕지 묻어 있었다. 아메리카너구리는 반짝이는 눈과 얼굴만 겨우 알아볼 수 있을 정도로 잼을 뒤집어쓰고 있었다.

녀석은 응석을 부리면서 아기작거리며 잼 선반에서 바닥으로 내려와 피곳 부인의 옷으로 기어올랐다. 부인이 따뜻하게 안아 줄 거라고 믿어 의심치 않으며……. 아! 그러나 가엾은 웨이앗차는 큰 실망을 맛보아야 했다.

하루는 피곳 씨가 닭에게 달걀 열세 개를 품게 했다. 이튿날 웬일인지 웨이앗차의 모습이 보이지 않았다. 식구들이 웨이앗차를 부르며 이리저리 찾아다닐 때, 닭장 쪽에서 가느다란 소리가 들렸다. 녀석이 평소 대답하는 바로 그 나직한 소리였다. 닭장 문을 열어 보니, 웨이앗차가 암탉의 둥지에서 커다란 배를 내밀고 큰 대자로 누워 있는 모습이 보였다. 바닥에 어질러진 열세

개의 달걀 껍데기가 녀석이 저지른 만행을 고발하고 있었다.

　이제껏 로이는 충실하게 닭장을 지켜 왔다. 로이가 있는 한, 숲에 사는 여우나 너구리를 비롯한 어떤 짐승도 닭장에 들어올 수 없었다. 아뿔싸! 그런데 그만 우정과 임무가 갈등을 빚는 상황이 벌어진 것이다. 당황한 로이는 어느 위인의 명언을 그대로 따랐다.

　"의심스럽거든 호의를 베풀라."

　아이들이 그 작은 개구쟁이를 무척 좋아했기 때문에, 농부 피곳 씨는 웨이앗차가 어떤 말썽을 부려도 꾹꾹 눌러 참았다. 그러던 어느 날, 마침내 피곳 씨의 분노를 폭발시킨 사건이 벌어졌다. 집에 혼자 남아 있던 아메리카너구리가 잉크병을 발견한 것이다. 웨이앗차는 먼저 잉크병의 코르크 마개를 뽑다가 사방에 잉크를 흘렸다. 그러고는 늘 하던 대로 잉크병에 앞발을 집어넣고 참방거리기 시작했다.

　녀석은 곧 새로운 놀이를 발견했다. 잉크가 묻은 앞발을 바닥에 내려놓자 멋진 발자국이 찍혔던 것이다. 처음에 녀석은 책상 위에 발자국을 찍었다. 그러다가 아이들 교과서에는 발자국이 훨씬 더 잘 찍힌다는 것을 알게 되었다. 녀석은 교과서 안에도 밖에도 발자국을 찍었다. 그리고 잉크에 앞발을 담그고 참방거리면 다시 잉크가 묻는다는 사실을 알아냈다.

이제 벽지에도 발자국 무늬가 필요할 것 같았다. 발자국 찍기는 다시 창에 걸린 커튼과 여자아이들의 옷으로 이어졌다. 때마침 침실 문이 열려 있어서 웨이앗차는 침대에도 기어올랐다. 침대 위에서 신나게 뛰놀다 보니 눈처럼 하얀 침대보가 앙증맞은 발 도장으로 채워졌다. 정말 보기 좋았다. 웨이앗차는 몇 시간이나 혼자 있으면서 잉크 한 병을 다 써 버렸다.

학교에서 돌아온 아이들은, 백 마리쯤 되는 새끼너구리가 이리저리 뛰어다니기라도 한 것처럼 집 안이 온통 새카만 발자국으로 덮여 버린 것을 발견했다. 가엾은 피곳 부인은 그토록 아끼던 아름다운 침대보를 보자마자 울음을 터뜨렸다. 그러나 꼬마너구리가 평소와 다름없이 쪼르르 달려와 잉크에 젖은 앞발을 내밀고 "얼! 얼!" 하면서 마치 자기가 세상에서 가장 귀여운 새끼너구리인 양 안아 달라고 하자 마음을 풀지 않을 수 없었다.

하지만 이번 일만큼은 너무 도가 지나쳤다. 아이들조차 웨이앗차를 감싸 줄 마음이 없었다. 자기 옷까지 엉망이 되었기 때문이다. 피곳 씨 가족은 웨이앗차를 집에서 내보내기로 하고 인디언 피트를 불렀다. 웨이앗차는 피트가 마음에 들지 않았지만 달리 선택의 여지가 없었다.

피트가 웨이앗차를 자루에 넣어서 들고 나가자 로이는 크게 당황했다. 로이는 그 인디언도, 그의 개도 싫었다. 그런데 어째서 우리 집 사람들이 저 '생판 남'한테 '한 식구'인 웨이앗차를 맡긴 걸까? 로이는 잠깐 동안 으르렁거리다가 그 사냥꾼의 발치에서 열심히 냄새를 맡았다. 그러고는 불룩한 자루를 들고 밖으로 나가는 남자의 모습을 꼬리도 흔들지 않고 지켜보았다.

9

이제 여름도 막바지에 이르러 '사냥의 달'이 성큼 다가와 있었다. 사냥꾼 피트는 그러잖아도 새로 산 사냥개를 훈련할 참이었는데, 때맞추어 아메리카너구리를 손에 넣은 것이었다. 웨이앗차는 인디언 피트의 사랑을 바랄 처지가 아니었다. 그리고 아메리카너구리 사냥법을 훈련할 때, 살아 있는 너구리를 직접 죽이게 하는 것보다 더 좋은 방법은 없었다.

웨이앗차는 죽을 운명이었다. 덫 사냥꾼은 웨이앗차를 희생해서 사냥개를 훈련할 생각이었다. 주인이 오두막집에 도착하자 사냥개가 뛰쳐나왔다. 시끄럽게 짖어 대는 육중한 몸집의 잡종 사냥개였다. 녀석은 웨이앗차가 들어 있는 자루에서 냄새를 맡고는 세 배나 큰 소리로 짖어 댔다.

피트의 훈련 방법은 조금 복잡했다. 그는 우선 통나무로 지은 축사에 아메리카너구리를 집어넣은 뒤 상자 하나를 주었다. 그

속에 들어가기만 하면 사냥개의 공격에서 목숨은 부지할 수 있을 것 같았다. 그 뒤 피트는 쇠사슬로 사냥개의 목을 묶어서 축사에 데려와 큰 소리로 "공격!" 하고 외치면서 싸움을 부추겼다. 사냥개는 적의 몸집이 아주 작다는 것을 알고 사자처럼 용감하게 달려들었다. 하지만 쇠사슬이 개를 뒤로 낚아챘다. 아직은 "죽여!" 하고 말할 때가 아니었기 때문이다. 사냥개는 몇 번이나 덤벼들었지만 그때마다 주인의 제지를 받았다.

웨이앗차는 엄청난 충격을 받았다. 두 다리로 걷는 다른 사람들은 그렇게 친절했는데, 이 사람은 왜 이렇게 적대적일까? 그리고 로이는 그렇게 친절했는데, 이 누런 개는 왜 이렇게 사납고 잔인할까? 사냥개가 덤벼들 때마다 작고 연약한 웨이앗차는 가슴속에서 용맹스러운 너구리 종족의 투지가 끓어오르는 것을 느꼈다. 녀석은 이빨을 드러내고 으르렁거리며 야수에게 맞섰다.

하지만 피트가 쇠사슬을 놓아 버린다면, 웨이앗차는 꼼짝없이 목숨을 잃을 수밖에 없었다. 딱 한 번 사냥개가 웨이앗차 옆으로 다가온 적이 있었다. 놈은 어린 너구리의 목을 물고 죽어라 흔들었다. 그러나 웨이앗차에게는 어머니 자연이 선사한 튼튼하고 헐렁한 털가죽이 있었다. 그래서 공격을 받고도 그렇게 아픈 느낌은 들지 않았다. 기회를 잡은 웨이앗차는 오히려 사냥개가 비명을 지를 정도로 세게 놈의 다리를 물었다. 그러자 피트는 개를 밖으로 끌어냈다. 첫 수업은 그것으로 충분했다. 이제 둘은 서로를 증오하게 되었다. 싸움은 점점 더 치열해질 것이다.

이튿날 다시 수업이 시작되었다. 이번에는 둘 다 새로운 것을 배웠다. 웨이앗차는 축사 안의 볼품없는 상자가 안전한 피난처라는 것을 깨달았다. 잡종 사냥개는 아메리카너구리가 이빨로는 물고, 발톱으로는 할퀼 수 있다는 것을 알게 되었다.

셋째 날에는 세 번째 수업이 있었다. 사냥꾼 피트는 선선한 저녁 무렵까지 기다렸다가 너구리를 가방에 집어넣고 벽에 걸린 총을 잡아 내렸다. 그리고 시끄럽게 짖는 개를 불러서 가까운 숲으로 향했다. 너구리를 뒤쫓아 나무 위로 모는 가장 중요한 훈련 과정을 시작하려는 것이었다.

숲에 도착한 뒤, 피트가 가장 먼저 신경 써야 할 일은 개를 나무에 묶는 것이었다. 왜 이런 일을 해야 할까? 물론 아메리카너구리를 위한 일은 아니었다. 피트는 우선 너구리가 달아나 개의 시야에서 사라지게 해야 했다. 그러지 않으면 개는 냄새를 쫓으려 하지 않을 것이기 때문이다. 사냥개는 냄새로 사냥감의 뒤를 쫓을 때만 특유의 본능을 일깨워서 진정한 추적자로 되살아난다. 개는 사냥감을 발견할 때까지 끈질기게 뒤를 쫓아서 공격한다. 아메리카너구리가 평소 습관대로 나무 위로 도망치면, 사냥개는 나무 주위를 맴돌며 큰 소리로 짖어서 너구리의 위치를 사냥꾼에게 알릴 것이다. 이것이 아메리카너구리 사냥개를 훈련하는 방법이자 인디언 피트의 계획이었다.

피트는 우선 개를 나무에 묶었다. 그러고는 개가 있는 곳에서 멀찍이 떨어진 곳에다 가방을 풀어 너구리를 꺼냈다. 밖으로 나온 웨이앗차는 처음에는 어리둥절해 하다가 금세 대담한 눈길로 주위를 둘러보았다. 바로 옆에 키가 큰 적이 서 있었다. 웨이앗차는 입을 벌리고 피트에게 달려들었다. 인디언은 조금 놀란 듯 도망을 치면서도 웃었다. 나무에 묶인 사냥개는 웨이앗차를 향해 달려들다가 쇠사슬이 당기는 바람에 더 이상 다가오지 못했다.

순간 아메리카너구리는 자신이 모든 공격에서 벗어나 마음대로 도망칠 수 있다는 것을 깨달았다. 웨이앗차는 무서운 속도로 달리기 시작했다. 녀석은 쫓기는 자의 본능을 따라 전속력으로 달려 나무 뒤로 도망치더니 이내 눈앞에서 사라졌다. 그리고 계속 지그재그로 달리면서 몸을 숨길 곳을 찾았다. 전에는 이렇게 빨리 달린 적이 한 번도 없었다.

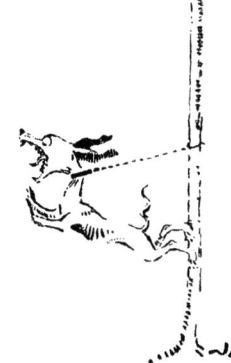

피트가 개를 풀어 주려고 돌아왔다. 사냥개가 미친 듯이 날뛰는 바람에 나무에 묶인 쇠사슬이 너무 팽팽해져서, 고리를 풀려면 쇠사슬을 잡아당겨서 조금 느슨하게 만들어야 했다. 그러나 개가 하도 사납게 날뛰어서 그러기가 여의치 않았다. 욕을 퍼부으면서 개를 밀치고 고리를 풀려고 했지만 역시 뜻대로 되지 않앉다. 개를 밀치면 밀칠수록, 소리를 치면 칠수록, 개는 더욱더 달려 나가려고 했다. 그래서 일이 더 힘들었다. 피트는 2, 3분 동안 진땀을 흘린 뒤에야 간신히 쇠사슬을 풀 수 있었다. 피트는 사냥개가 움직이지 못하게 꽉 붙들고 개목걸이를 벗겨 주었다. 개는 너구리가 사라진 곳으로 쏜살같이 달려갔다.

하지만 사냥감의 모습은 이미 사라진 뒤였다. 결정적인 순간의 3분은 너무 긴 시간이었다. "찾아!"라는 명령에 대답하듯 사냥개는 이리저리 뛰어다녔다. 아메리카너구리의 냄새를 맡은 사냥개는 본능적으로 짖었다. 사냥개는 냄새의 흔적을 쫓으면서 뛸 때마다 짖어 댔다. 그러다가 중간에 냄새를 놓친 사냥개는 다시 돌아와서 냄새 흔적을 찾아내고 또다시 짖기 시작했다.

이번에는 천천히 흔적을 쫓았다. 너무 빨리 움직이다가 냄새를 놓칠 수도 있기 때문이다. 피트도 큰 소리로 사냥개를 응원하면서 달려왔다. 모든 것이 계획대로였다. 아메리카너구리는 틀림없이 도망치고 있을 것이다. 그러나 잠시 후면 사냥개가 녀석을 찾아낼 것이다. 아메리카너구리는 분명히 가까운 곳의 오르기 쉬운 나무에 올라갈 것이다. 오르기 쉬운 나무란 가장 작은 나무라는 뜻이다. 사냥개는 그 나무 밑을 지키면서 마구 짖어서 사냥꾼에게 위치를 알려 줄 것이다. 그러면 사냥꾼은 너구리를 총으로 쏘고, 개는 상처를 입고 땅에 떨어진 너구리를 물어 흔들

것이다. 그 과정에서 개는 아메리카너구리 사냥에서 자기가 해야 할 일을 배운다. 이렇게 한 번 승리를 맛본 사냥개는 주인보다도 뛰어난 추격 솜씨를 발휘하게 된다.

바로 이것이 피트의 계획이었다. 그 계획은 전에도 종종 좋은 결과를 낳았다. 그리고 지금까지는 계획대로 잘 진행되고 있었다. 단 한 가지만 빼면 그랬다. 웨이앗차가 작은 나무를 선택하지 않았다는 것. 쇠사슬을 풀면서 늦어진 시간만큼 웨이앗차는 멀리 도망칠 수 있었다. 사냥개와 사람이 쫓아오는 소리를 듣고, 녀석의 머리에는 가장 안전한 곳이었던 옛집이 떠올랐다. 어린 시절의 안식처였던, 구새 먹은 커다란 단풍나무가! 이제 웨이앗차는 숲에서 가장 큰 나무에 오르고 있었다.

적이 모습을 드러냈다. 사냥개는 금세 실력이 늘어서 냄새를 끈질기게 쫓고 있었다. 사냥개의 주인도 나타났다. 피트와 사냥개가 도착한 곳은 높이 자란 버즘나무 밑이었다.

"주인님, 여기예요, 이 나무 위로 녀석을 몰았어요!"

사냥개는 이렇게 말하는 것처럼 짖어 댔다. 피트가 무어라고 욕을 퍼부었는지는 밝히지 않는 편이 낫겠다. 피트는 총은 가져왔지만, 도끼는 가져오지 않았다. 아메리카너구리는 큰 나무의 구새통 속에 안전하게 숨어 있었다. 아무리 위를 올려다봐도 웨이앗차는 그림자조차 보이지 않았다. 사람이 올라갈 수 있는 나

무도 아니었다. 밤은 어김없이 다시 찾아왔고, 피트와 사냥개는 하는 수 없이 발길을 돌려야 했다.

10

웨이앗차는 운이 좋았다. 어린 시절에 배운 것들, 그리고 녀석의 본능이 한데 버무려져서 아메리카너구리 종족의 비밀을 터득한 것이다. 구새통 속의 보금자리는 늘 변함없이 반겨 준다는 것이 바로 그 비밀이었다. 피하려는 순간 가까이 있던 작은 나무들은 녀석을 유혹하는 함정이었다. 하지만 구새 먹은 커다란 나무는 튼튼한 요새이자 확실한 피난처가 되어 주었다.

시간이 흘러 온 세상에 칠흑 같은 어둠과 신성한 고요가 내려앉았다. 그때까지 웨이앗차는 잠시도 마음을 놓지 않고 휴식을 취했다. 녀석은 그제야 보금자리 밖으로 나와, 여러 차례 귀를 기울이고 사방을 훑어본 뒤에 바닥으로 내려왔다. 그러고는 있는 힘을 다해서 멀리 도망쳤다. 웨이앗차는 쉬지 않고 달려서 저 멀리 킬더 천의 넓은 늪지대에 도착했다. 그곳은 웨이앗차가 어린 시절을 보낸 아메리카너구리들의 땅이었다.

몇 달 만에 돌아온 웨이앗차는 가족에게 남이나 다름없었다. 녀석은 이미 잊혔거나 모습이 변했을 테고, 다른 누군가가 녀석

의 자리를 채웠을 수도 있다. 하지만 아메리카너구리 종족에게는 한 가지 변치 않는 것이 있었다. 바로 냄새였다. 웨이앗차의 냄새는 녀석의 신분증이자 가족의 일원임을 말해 주는 증거였다. 웨이앗차는 천천히 자기 자리로 돌아왔다. 이제 녀석은 여러 새끼너구리 중의 하나가 아니라 무시할 수 없는 종족의 일원이 되었다. 녀석은 다른 아메리카너구리들과 함께 배우고 또 가르쳤다.

얼마 후 웨이앗차는 미묘한 충동을 느끼고 무리에서 떨어져 나와 짝을 찾았다. 웨이앗차와 녀석의 짝은 다른 아메리카너구리들을 떠나 자기 부모가 그랬듯이 커다란 나무줄기에 만들어진 구새통 속에 새 보금자리를 꾸몄다. 그 보금자리를 떠받치는 귀한 땅은 사람들에게 쓸모가 없기에 오히려 아름다움을 유지할 수 있었다. 아메리카너구리들은 이곳에서 어머니 자연의 인도를 받아 새끼를 키우면서 자기가 배운 것보다 더 많은 것을 가르치고 있다. 시대가 바뀌었기 때문이다.

이제는 드넓게 펼쳐졌던 큰키나무 숲이 사라지고, 물가의 작은 숲만 남았다. 농부들은 쓸모없는 땅에 쓸모없는 나무만 남았다고 여길 것이다. 물론 한때 숲의 제왕으로 군림하던 동물은 그곳에 머무를 수 없을 것이다. 하지만 검은 가면을 쓰고 구새통 속에서 사는 동물에게는 그 숲도 충분히 살기 좋은 곳이다.

이제는 전보다 더 큰 지혜가 필요해졌고, 웨이앗차는 그만큼 영리해졌다. 녀석은 낮에는 절대 밖으로 나가지 않고, 밤에도 먼 곳까지 가지 않는다. 땅 위로 가다가도 울타리처럼 생긴 덤불만 나오면 꼭대기로 올라가서 발자국을 끊어 놓곤 한다. 그리고 숲의 냇가에서 나는 먹이를 먹고 산다. 사람과 부딪치는 일은 한사코 피한다. 특별한 경우가 아니면 결코 사람들 앞에 모습을 드러내는 일이 없다. 한낮에는 하늘 높이 떠 있는 태양 아래 누워서 건강에 좋은 일광욕을 즐기기도 한다. 밤이면 지는 달빛을 받으며 물을 튀기면서 먹이를 찾아다닌다. 이튿날 그곳에 남은 어지러운 발자국만이 간밤 녀석의 행적을 말해 줄 것이다.

하지만 그대가 그 모습을 직접 볼 수는 없으리라. 웨이앗차는 그대보다 조심성이 많고, 언제라도 구새통 속에 몸을 숨길 준비가 되어 있으니. 이 세상에는 로이처럼 다정한 개도 있지만, 사나운 사냥개가 너무 많다는 것을 알기 때문이다. 웨이앗차는 그대에 대해서는 잘 모르지만 인디언 피트 같은 사람이 많다는 것은 잘 알고 있다.

오! 애타게 녀석을 만나 보기를 바라는 다정한 그대, 노래하는 숲 사람이여! 그대라면 틀림없이 구새통 속의 드리아스를 존중하고 경의를 표할 수 있을 것이다. 내가 그대를 녀석에게 안내할 수만 있다면 얼마나 좋을까?

  나는 녀석을 만날 생각으로 킬더 천 옆 저지대의 축축한 숲을 조심스럽게 훑고 또 훑었다. 그리고 녀석을 유인하기 위해서 꼬리에 고리 무늬가 있는 동물들이 좋아하는 옥수수를 길목 곳곳에 몇 번이나 뿌려 놓았다. 옥수수는 늘 감쪽같이 사라졌다. 하지만 어떻게 사라지는지는 알 수가 없다. 다만 사람 손처럼 생긴 날렵한 앞발과 뒷발의 발자국, 연결 부분이 부서진 조개껍데기, 메기 지느러미가 발견될 때도 있다. 녀석이 시끄러운 소리를 내는 사냥개들을 비웃으면서 여전히 가까운 곳에 살고 있다는 것을 알 수 있다. 녀석이 자신의 신성한 나무를 훔쳐 가려는 뻔뻔스러운 도끼만 아니면 그 무엇도 크게 두려워하지 않는 것도 알 수 있다.

  녀석이 이웃에 사는 친구처럼 가끔 모습을 보여 준다면 그 무엇을 내준들 아까우랴. 하지만 나는 녀석이 그렇게 하지 않으리라는 것을 잘 알고 있다.

  그리하여 내가 누릴 수 있는 특권은 떠오르는 아침 해를 안고 물가를 살펴보다가 그곳에서 뛰어다닌 작은 요정의 발자국을 발견하거나, 캄캄한 가을밤 "윌릴릴라루, 윌릴릴라루, 윌라루" 하고 길게 뽑아내는 노랫소리에, 아메리카너구리 웨이앗차가 부르는 사랑 노래에 귀 기울이는 것뿐이다.

웨이앗차는 지난날의 소박하고 진실한 믿음을 그대로 간직한 예언자처럼, 언젠가는 그 믿음이 세상을 다스릴 것을 알지만 지금은 불길이 지나갈 때까지 숨죽인 채 기다리고 또 기다리는 예언자처럼, 오늘도 숲 속을 방랑하면서 사랑하며 살고 있다.

열 마리 새끼쇠오리의
목숨을 건 여행

쇠오리 쇠오리는 몸길이 약 35센티미터의 작은 오리로, 모두 15종이 있다. 이 글의 주인공은 캐나다와 미국에 서식하는 미국쇠오리이며, 우리나라 쇠오리와 모양과 색깔이 비슷하다.

1

쇠오리 한 마리가 연못가에 우거진 골풀 사이에 둥지를 틀었다. 캐나다 매니토바 주 라이딩 산의 양지바른 비탈에 있는 연못이었다.

삐걱거리는 소달구지를 몰고 지나가는 사람 눈에 그곳은, 가장자리에 거친 풀이 삐죽삐죽 자라고 건너편에 버드나무 숲과 나이 많은 미루나무 한 그루가 서 있는 평범한 연못에 지나지 않았다. 하지만 골풀 속에 깃든 작은 쇠오리와 미루나무 가까이 자리 잡은 딱따구리에게는 이 연못이 하나의 왕국이자 지상 낙원이었다. 이곳이 새끼를 낳아 기를 보금자리였기 때문이다. 한창 사랑의 달이라 어머니 달이 생명의 약속을 가득 안고 가까이 다가와 있었다.

실제로, 딱따구리 새끼들은 얇은 알껍데기를 거의 다 깼으며, 어미쇠오리가 애지중지하는 열 개의 알도 단순히 흥미로운 물건이 아니라 하나하나가 따뜻하고 감각이 있으며 피가 통하고 목소리를 낼 것 같은, 잠들어 있는 존재와 같은 분위기를 풍겼다.

어미쇠오리는 번식기가 시작되자마자 바로 짝을 잃었다. 무슨 일인지 모르지만 수컷은 사라져 버렸다. 무시무시한 적이 곳곳에 진을 치고 있는 상황으로 미루어 볼 때, 아마 죽었을 것이다.

하지만 어미쇠오리의 관심사는 오로지 자신의 둥지와 앞으로 깨어날 새끼들뿐이었다.

6월 중순부터 그달 말까지 어미는 온 정성을 다하여 알들을 보살폈다. 날마다 먹을 것을 구하러 갈 때만 잠깐 자리를 비웠는데, 그때마다 가슴에서 뽑아낸 솜털을 보모 삼아 알을 잘 덮어 주곤 했다.

그날 아침에도 쇠오리는 솜털 보모에게 알들을 부탁한 뒤 자리를 비우고 날아가고 있었다. 바로 옆 무성한 버드나무 숲 속에서 우지직하는 불길한 소리가 들렸다. 하지만 쇠오리는 현명하게 계속 가던 길을 갔다. 돌아와 보니 이웃집 딱따구리는 아직도 놀란 소리로 울고 있었고, 자기 둥지 아래쪽으로는 방금 사람이 지나간 흔적이 남아 있었다. 알을 덮고 있던 솜털도 흐트러져 있었다. 그러나 희한하게도 열 개의 알은 하나도 다치지 않고 모두 제자리에 놓여 있었다.

적은 아주 가까이 다가왔지만 아무것도 얻어 가지 못했다. 하루 이틀 시간이 지나고, 알 품는 일이 대단원을 향해 달려가는 동안, 작은 몸집의 어미쇠오리는 마음속에서 모성애가 점점 더 크게 자라는 것을 느꼈다. 자신의 헌신으로 자유의 몸이 될 작은 포로들을 위해서라면 못할 일이 없었다. 어미쇠오리에게 그 알들은 더 이상 단순한 알이 아니었다. 어미는 이따금씩 나지막한

쉰 목소리로 알들에게 말을 걸었다. 그러면 알껍데기 속에서 새끼들이 삑삑거리며 속삭이듯 대답하는 것만 같았다. 사람의 귀에는 너무 작아서 사람의 언어로는 표현할 수조차 없는 소리지만 어미는 그것을 느끼고 있었다. 어미의 행동을 보면, 새끼들이 알에서 깨어나자마자 여러 가지 간단한 단어들을 벌써 알고 있다고 해도 그리 놀랄 일이 아니었다.

어느덧 처음 둥지를 틀 때 흔히 부딪치는 위험한 고비는 넘겼지만, 이제 새로운 위기가 닥쳐오고 있었다. 봄기운이 점점 무르익더니 가뭄으로 이어진 것이다. 비 한 방울 내리지 않는 날이 계속되었다. 쇠오리 가족 모두에게 가장 중요한 날이 다가오는 동안, 어미는 연못 물이 조금씩 줄다가 갑자기 무서운 속도로 줄어드는 것을 불안하게 지켜보아야 했다. 연못 가장자리는 이미 진흙 바닥을 넓게 드러내고 있었다. 당장이라도 비가 내리지 않으면 새끼들은 알에서 깨어나자마자 아슬아슬한 육로 여행을 하는 수밖에 없었다.

비를 불러 내리게 하는 것도, 새끼들이 빨리 알껍데기를 깨고 나오게 하는 것도 불가능한 일이었다. 마지막 며칠 동안 어미는 걱정했던 대로 널따란 뻘로 변해 버린 연못을 바라보며 알을 품어야 했다.

드디어 새끼들이 깨어났다. 도자기로 만든 것 같은 작은 무덤들이 하나씩 깨지면서 새끼쇠오리가 모습을 드러냈다. 하나하나가 더없이 소중한 생명의 불꽃을 간직한 열 개의 작은 얼룩무늬 솜털 덩어리, 열 개의 앙증맞은 노란색 벨벳 쿠션, 보석처럼 반짝이는 눈이 달린 열 개의 황금빛 보석 상자였다.

그러나 운명은 너무 가혹했다. 이제 다른 연못에 무사히 도착할 수 있는가 없는가가 삶과 죽음을 결정짓게 된 것이다. 아, 어찌하여 태양은 새끼오리들에게 이 끔찍한 육로 여행을 강요하기 전에 물장구를 치며 힘을 기를 사흘의 시간조차 허락하지 않는 것일까? 어미는 당장 이 어려운 상황과 맞서 이겨 내야 한다. 그러지 않으면 새끼들을 다 잃을 것이다.

새끼오리들은 알에서 깨어나고 몇 시간 동안은 먹지 않아도 된다. 알 속에 있을 때 받아들인 양분이 몸을 지탱해 주는 까닭이다. 하지만 그 양분이 다 떨어지면 먹이를 찾아야 한다. 쇠오리 둥지에서 가장 가까운 연못은 800미터나 떨어져 있었다. 가장 큰 의문점은 이런 것들이었다. 새끼오리들이 그렇게 먼 길을 갈 수 있을까? 길에서 마주칠 수많은 위험을 피할 수 있을까? 송골매, 개구리매, 새매, 여우, 족제비, 코요테, 흙파는쥐, 들다람쥐, 뱀이 모두 새끼오리들을 잡아먹으려 할 것이다.

정확하게 표현할 수는 없었지만 어미쇠오리는 이 모든 것을 본능적으로 알아차렸다. 열 마리 새끼쇠오리의 몸이 따뜻해지자

마자 어미는 새끼들을 이끌고 풀밭으로 들어섰다. 새끼오리들에게는 작은 풀줄기도 마치 앞길을 가로막은 커다란 대나무 같았다. 새끼들은 저마다 풀줄기를 헤치고 지나가거나 넘어가려고 하면서, 기어오르고 삑삑 울고 넘어지고 굴러떨어지곤 했다. 어미는 한쪽 눈으로는 열 마리 새끼오리를 지켜보면서 다른 쪽 눈으로는 온 세상을 살펴야 했다. 길에서 만나는 어느 누구도 친구가 아니었다. 주위에 있는 수많은 동물이 모두 적이 아니면 무심한 존재였다.

2

오랜 시간 동안 풀덤불을 간신히 헤쳐 나온 어미쇠오리와 새끼들은 둑으로 올라가 미루나무 밑에 도착했다. 쇠오리들은 잠시 그곳에 앉아 쉬었다. 한 마리는 지금까지 형제자매와 함께 용감하게 풀을 헤치고 나오기는 했지만, 너무 약해서 머나먼 천국인 그 연못에 무사히 도착할 수 없을 것만 같았다.

그렇게 쉬고 있는데 어미가 낮고 부드럽게 "꽉" 하는 소리를 냈다. '얘들아, 따라오너라.' 하는 뜻이었다. 새끼들은 다시 여행길에 나섰다. 새끼쇠오리들은 잔가지를 기어오르기도 하고 빙 돌아가기도 하면서, 아무 문제 없이 잘 가고 있을 때는 부드러운

소리로, 덤불 속에 갇히면 애처로운 소리로 삑삑 울었다.

　이윽고 쇠오리들은 널찍한 공터에 도착했다. 이런 곳은 쉽게 가로지를 수 있지만 매의 눈에 띄기도 쉬워서 위험했다. 어미는 덤불숲 가장자리에서 오래 휴식을 취했다. 그리고 과감히 공터로 나아가기 전에 이리저리 하늘을 훑어보았다. 적의 모습은 보이지 않았다. 어미는 자신의 작은 군대를 정렬시키고 너비가 100미터 가까이 되는 거대한 사막으로 거침없이 나아갔다.

　꼬마 병정들은 온 힘을 다해서 씩씩하게 어미 뒤를 따랐다. 새끼들은 노란색 작은 몸뚱이를 비스듬히 들어 올리고 마치 팔을 벌리듯이 작은 날개를 펼친 채 어미를 따라 전진했다.

　어미는 어떻게든 단번에 공터를 지나고 싶었다. 하지만 이내 그럴 수 없다는 것을 깨달았다. 가장 튼튼한 새끼는 어미 뒤에 따라붙을 수 있었지만, 다른 새끼들은 약한 만큼 뒤로 처졌다. 새끼쇠오리들은 이제 6미터의 긴 대열을 이루었고, 가장 약한 새끼는 그 뒤로 3미터나 더 떨어져 있었다.

　위험하지만 공터 한가운데서 쉬어 가는 수밖에 없었다. 새끼쇠오리들은 숨을 헐떡이며 어미가 있는 곳으로 왔다. 어미는 근심이 가득한 채, 새끼들이 다시 걸을 수 있을 때까지 새끼들 곁을 지켰다. 그런 다음 어미는 '아가들아, 힘을 내자!' 하고 다정스럽게 꽉꽉거리면서 다시 앞장을 섰다.

새 연못까지는 아직 반도 못 간 상태였다. 몸을 가려 줄 마지막 덤불에 도착하기 한참 전부터 쇠오리들의 여행은 힘에 부쳤다. 새끼들은 다시 한 줄로 길게 늘어섰다. 맨 뒤에서 쫓아오는 새끼는 꽤 먼 거리를 뒤처졌다. 그때 갑자기 커다란 잿빛 개구리매가 낮게 날아왔다.

"엎드려!"

어미쇠오리가 놀라서 쉿소리를 냈다. 맨 뒤에 있던 새끼를 뺀 나머지 새끼쇠오리들은 모두 납작 엎드렸다. 하지만 너무 멀리 떨어져 있어서 어미의 경고 신호를 듣지 못한 한 마리는 계속 움직이고 있었다. 개구리매는 순식간에 내리 덮쳐서 새끼를 발톱으로 잡아챘다. 매는 삑삑거리며 우는 새끼를 움켜쥐고 덤불 너머로 사라졌다.

이루 말할 수 없는 슬픔에 잠긴 가엾은 어미는 피에 굶주린 약탈자가 새끼를 데리고 유유히 사라지는 모습을 지켜보는 수밖에 없었다. 약탈자는 아무런 저항도, 처벌도 받지 않을 것 같았다.

하지만 그게 아니었다. 개구리매는 자기 새끼들이 있는 연못가의 둔덕을 향해 곧장 날아가다가 아무 생각 없이 킹버드(아메리카딱새과의 여러 새 가운데 몸집이 큰 티라누스속의 새들을 일컫는다. 이 새는 자신의 번식 영역을 공격적으로 방어하는 성향이 있어서, 자기보다 몸집이 훨씬 더 큰 새를 쫓아가기도 한다:옮긴이)의 둥지가 있는 떨기나무 위를 지나가고 있었다. 그러자 그 모습을 본 두려움 없는 작은 전사 킹버드가 날카로운 소리를 지르며 공중으로 날아올라 개구리매를 뒤쫓기 시작한 것이다. 개구리매가 멀리 날아가자, 킹버드도 그 뒤를 쫓아 멀리 날아갔다. 크고 육중한 겁쟁이 새 한 마리와 몸집은 작지만 재빠르고 겁 없는 영웅 새 한 마리가 저 멀리 모습을 감추었다. 킹버드는 날갯짓을 할 때마다 속도를 높였고, 그 울음소리도 멀리 사라졌다.

사람이 느끼는 슬픔의 깊이에는 미치지 못한다 해도, 어미쇠오리도 절절한 슬픔을 느꼈다. 하지만 어미쇠오리에게는 지켜야 할 새끼가 아홉이나 있었다. 새끼들에게는 어미의 세심한 보살핌이 필요했다. 어미는 가능한 한 빨리 새끼들을 덤불 속으로 이끌었다. 그리고 잠시 동안 마음을 놓고 숨을 돌렸다.

그곳부터는 어떻게든 몸을 숨긴 채 앞으로 나아갔다. 몇 번씩 놀랄 일도 겪고 여러 번 쉬어 가는 동안, 한 시간 남짓 시간이 흘렀다. 이제 연못은 아주 가까이 있었다. 잘된 일이었다. 새끼쇠오리들은 기진맥진해 쓰러지기 직전이었다. 작은 물갈퀴는 여기저기 긁혀서 피가 나고, 힘은 바닥이 나 있었다. 쇠오리들은 높이 자란 떨기나무 그늘에서 잠시 숨을 고르며 휴식을 취했다. 그리고 하나로 뭉쳐서 다시 나타난 공터를 가로지르기 시작했다. 이번에는 미루나무가 둘러서 있는 거친 땅이었다.

쇠오리들은 알 수 없었지만 그 길 위에는 또 다른 죽음의 그림자가 어른거리고 있었다. 붉은여우 한 마리가 새끼오리 군대의 발자국을 가로질러 지나간 것이다. 여우의 예민한 코는 그곳에 풍성한 만찬이 준비되어 있다는 것을 금세 알아차렸다. 이제부터 할 일은 그 흔적을 따라가 잡아먹는 것뿐이었다. 여우는 조용히 그리고 잽싸게 길 위에 또렷이 남아 있는 발자국을 쫓았다. 쇠오리들의 모습이 보였다.

다른 때 같았으면 여우는 곧장 어미와 새끼에게 달려들어 모두 잡아먹었을 것이다. 그런데 그날은 상황이 꼬이기 시작했다. 이미 여우는 행군하는 새끼쇠오리의 수를 셀 수 있을 만큼 가까이 와 있었다. 그때 어떤 냄새가 바람에 실려 왔다. 순간 여우는 걸음을 멈추고 몸을 바닥에 붙였다. 잠시 후 그 냄새가 조금 더 확실해지자, 여우는 살금살금 걸어서 눈에 띄지 않도록 조심하며 최대한 빨리 도망을 쳤다.

보이지 않는 힘이 가장 실질적인 위협, 쇠오리들의 코앞에 들이닥쳤던 죽음의 그림자를 거두어 간 것이다. 주의 깊은 어미쇠오리조차 보이지 않는 그 존재의 기척을 느끼지 못했다.

3

새끼쇠오리들은 종종거리며 어미 뒤를 쫓았다. 어미는 어린것들을 이끌고 공터를 가로질렀다. 다행스럽게도 연못의 물줄기가 아주 가까운 곳까지 길게 뻗어 있었다. 나무가 자라지 않는 길만 건너면 그곳에 닿을 수 있었다. 어미는 그쪽으로 곧장 달려가면서 기쁨에 겨워 소리쳤다.

"얘들아, 어서 오너라!"

그런데 이럴 수가! 그 나무 사이의 길은 사람들이 만들어 놓은 '마찻길'이었다. 그 길의 양쪽 가장자리에는 사람들이 '바큇자국'이라고 부르는 '깊은 협곡'이 끝도 없이 이어져 있었다. 새끼쇠오리 네 마리가 첫 번째 바큇자국 속에 빠졌다. 다섯 마리는 첫 번째 바큇자국을 간신히 건넜지만 훨씬 더 깊고 넓은 건너편 바큇자국 속으로 빨려 들어가고 말았다.

아, 정말 끔찍한 일이었다. 새끼쇠오리들은 아직 너무 약해서 그곳에서 기어 나올 수가 없었다. 바큇자국은 길을 따라 끝없이 이어진 것 같았다. 어미쇠오리는 어떻게 새끼들을 구해야 할지 알 수가 없었다. 어미와 새끼들 모두 절망에 빠졌다. 어미가 이리저리 뛰어다니며 새끼들에게 힘을 내라고 소리치는 동안, 어미가 가장 무서워하는 것이 불쑥 모습을 드러냈다. 오리들이 가

장 무서워하는 적, 바로 키가 큰 인간이었다.

어미쇠오리는 인간의 발치로 몸을 날려 풀 위에서 날개를 퍼덕거렸다. 자비를 비는 것일까? 아니! 다친 것처럼 속일 작정이었을 뿐이다. 인간이 자기를 따라오도록 해서 새끼들에게서 멀리 떼어 놓으려고 한 것이었다.

하지만 그 사람은 속임수를 눈치채고, 어미를 따라가지 않았다. 대신 주위를 둘러보다가 바큇자국 속에 빠져 있는 눈이 초롱초롱한 새끼쇠오리 아홉 마리를 발견했다. 새끼쇠오리들은 몸을 숨기려고 했지만 모두 부질없는 일이었다.

그 사람은 가만히 몸을 굽혀 새끼들을 자기 모자에 집어넣었다. 가여운 새끼들은 목청이 터져라 삑삑대며 울었다. 가여운 어미는 새끼들 걱정에 애끊는 소리로 울부짖었다. 어미쇠오리는 이제 새끼들이 자기 눈앞에서 죽음을 맞으리라는 것을 알고 있었다. 어미는 슬픔에 몸부림치며 무시무시한 거인 앞에서 땅바닥에 가슴을 짓찧었다.

그 뒤 그 무자비한 괴물은 연못 가장자리로 걸어갔다. 새끼쇠오리들을 꿀꺽 삼키기 위해 물이 필요한 모양이었다. 그 사람은 몸을 구부렸다. 그리고 잠시 후, 새끼쇠오리들은 물 위에서 자유의 몸이 되어 있었다. 어미는 풀밭에서 날아올랐다. 어미가 부르자 새끼들은 모두 어미 곁에 모여들었다. 어미쇠오리는 그 사람이 진정한 친구라는 것을 알지 못했다. 그 사람이 나타나 여우가 멀리 달아났다는 사실도, 그 고마운 사람이 무서운 협곡에서 새끼들을 구해 냈다는 사실도 결코 알 수 없었다. 그 사람의 종족이 쇠오리 종족을 너무 오랫동안 박해했기 때문이다. 어미는 끝까지 그 사람을 미워했다.

어미는 그 사람이 있는 곳에서 멀리 떨어진 곳으로 새끼들을 데려가기 위해 넓은 연못을 곧장 가로지르려고 했다. 하지만 그것은 잘못된 선택이었다. 그 모습이 진짜 적에게 발각되었기 때문이다. 이미 새끼 한 마리를 물어 간 커다란 잿빛 개구리매가 바로 그 적이었다. 매는 발톱 하나에 새끼쇠오리를 한 마리씩 잡을 수 있을 거라고 생각하고 공중에서 내리 덮쳤다.

"골풀로 뛰어들어!"

어미쇠오리가 외쳤다. 새끼들은 지친 작은 발로 철벅철벅 물을 튀기며 가능한 한 빨리 달아났다.

"달려라, 달려!"

어미가 계속 소리쳤다. 그러나 매는 이제 코앞에 와 있었다. 아무리 열심히 달아난다고 해도 매는 금세 새끼들을 덮칠 것이다. 새끼들은 너무 어려서 물속으로 자맥질할 줄도 몰랐다. 도망칠 길은 없어 보였다. 그런데 매가 달려드는 바로 그 순간, 영리한 어미쇠오리는 있는 힘을 다해 커다란 물보라를 일으켰다. 그

열 마리 새끼쇠오리의
목숨을 건 여행

어미쇠오리가 매에게 물벼락을 주고 있다.

러면서 두 다리와 두 날개로 매의 온몸에 물을 끼얹었다. 화들짝 놀란 매는 공중으로 솟구쳐 몸에 묻은 물을 털어 냈다. 어미는 계속 달아나라고 새끼들을 밀어붙였다. 새끼들은 계속 달아났다. 다시 한 번 매가 내리 덮쳤다가 물벼락을 받고 물러났다. 매는 또다시 달려들었다. 어미는 매가 공격할 때마다 녀석의 몸을 흠뻑 적셔 놓았다.

마침내 새끼쇠오리들이 모두 골풀 사이로 안전하게 숨었다. 화가 난 매는 이제 어미에게 달려들었다. 하지만 자맥질을 할 수 있는 어미는 작별의 인사로 물보라를 일으키며 물속으로 몸을 숨겼다.

멀리 골풀 사이에서 물 위로 올라온 어미는 부드럽게 "곽곽" 거리며 새끼들을 불렀다. 몹시 지친 아홉 마리 새끼쇠오리는 어미 곁으로 다가갔다. 그러고는 드디어 달콤한 휴식을 취했다.

하지만 그것이 전부는 아니었다. 새끼들이 수없이 많은 곤충으로 배를 채우기 시작할 때, 저 멀리서 희미하게 삑삑거리는 소리가 들렸다. 어미쇠오리는 "꽈아아아아악" 하고 어미가 새끼를 부르는 소리를 질렀다. 그러자 매가 낚아채 갔던 새끼쇠오리가 다 큰 오리처럼 얌전한 모습으로 물을 찰박거리며 골풀 사이에서 나타났다.

그 새끼쇠오리는 어떻게 상처 하나 없이 살아남은 것일까? 비

밀은 용맹스러운 킹버드가 연못 위에서 개구리매를 따라잡은 데에 있었다. 킹버드가 부리로 매를 공격하자 매는 날카로운 소리로 울면서 먹잇감을 떨어뜨렸다. 새끼쇠오리는 안전하게 연못 물속으로 떨어졌고, 어미와 형제자매들이 올 때까지 골풀 사이에 숨어 있다가 다시 가족을 만난 것이다. 열 마리 새끼쇠오리는 다 자라서 자신의 날개로 멀리 날아갈 수 있을 때까지 그 커다란 연못에서 행복하게 살았다.

내가 사랑한 개
빙고

빙고

프랭클린 아저씨의 개가 울짱을 넘었어요.
그 이름은 꼬마 빙고래요.
비 아이 엔 지 오
그 이름은 꼬마 빙고래요.

프랭클린 아줌마의 갈색 맥주가 익었어요.
그 이름은 맛 좋은 스팅고*래요.
에스 티 아이 엔 지 오
그 이름은 맛 좋은 스팅고래요.

이 노래 정말 예쁘지 않아요?
정말 예뻐서 징고*래요.
제이 아이 엔 지 오
정말 예뻐서 징고래요.

* 스팅고(stingo)는 '독한 맥주'라는 뜻이다.
* 마술사가 무언가를 꺼내면서 "자." 또는 "얍!" 하고 내는 소리이다.

1

1882년 11월 초, 캐나다의 매니토바 주에 다시 겨울이 찾아들었다. 나는 아침을 먹은 뒤 의자에 기대앉아 한가한 시간을 보내고 있었다. 눈앞에 있는 우리 오두막집의 창문들은 마치 액자처럼 창밖의 초원과 외양간 한 귀퉁이의 모습을 담고 있었다. 눈길을 돌리면 바로 옆 통나무에 핀으로 꽂아 놓은 오래된 동요 '빙고'의 노랫말이 보였다. 그 노랫말은 바깥 풍경과 어우러져 꿈결 같은 분위기를 자아냈다.

하지만 그 나른한 느낌은 초원을 가로질러 외양간으로 돌진하는 커다란 잿빛 동물과, 그 뒤를 맹렬하게 뒤쫓는 좀 더 작은 얼룩빼기 동물의 모습과 함께 사라졌다.

"늑대다!"

나는 이렇게 외치며 총을 들고 뛰어나가 개를 도우려 했다. 그러나 외양간으로 갔을 때 늑대와 개는 이미 그 자리에 없었다. 눈 쌓인 곳을 조금 더 달려가 보니 늑대는 다시 궁지에 몰렸고, 개는 달려들 기회를 엿보며 그 주위를 빙글빙글 돌고 있었다. 그 개는 이웃집 소몰이 개 프랭크였다.

나는 조금 떨어진 곳에서 총을 두 발 쏘았다. 하지만 그 소리는 늑대와 프랭크를 다시 초원으로 달음질치게 만들었을 뿐이었다. 용감무쌍한 개 프랭크는 다시 한 번 추격전을 벌인 끝에 늑대를 따라잡아 엉덩이를 물었다. 하지만 늑대가 사나운 기세로 물어뜯으려 하자 뒤로 물러났다. 그리고 다시 늑대를 궁지에 몰아넣는가 싶더니 눈 위에서 추격전이 계속되었다.

늑대는 어떻게든 동쪽의 어두운 숲 속으로 달아나려고 했지만, 개가 줄곧 마을 쪽으로 몰아붙이는 바람에 번번이 실패하고 말았다. 이런 추격전이 2킬로미터 가까이 계속된 뒤에야 나는 녀석들을 따라잡을 수 있었다. 든든한 후원자가 나타난 것을 본 개는 끝장을 내려는 기세로 늑대에게 덤벼들었다.

잠시 후 개와 뒤엉켜 싸우던 늑대가 뒤로 벌렁 자빠졌다. 프랭크는 피를 흘리면서도 늑대의 목을 물고 늘어졌다. 내가 한 일은 그쪽으로 다가가 늑대의 머리에 총을 쏘아 싸움을 끝낸 것뿐이었다.

적이 죽었다는 것을 확인한 프랭크는 숨이 차지도 않은지, 뒤도 한번 돌아보지 않고 주인이 기다리는 농장으로 겅중겅중 뛰어가기 시작했다. 녀석은 늑대를 뒤쫓아 6킬로미터나 되는 눈길을 달려온 것이다. 참으로 놀라운 개였다. 내가 나타나지 않았더라도 녀석은 저 혼자 늑대를 죽였을 것이다. 나는 프랭크가 벌써 여러 차례 늑대를 물어 죽인 적이 있다는 것도 알고 있었다. 아무리 몸집이 작은 늑대나 코요테라도 녀석보다는 훨씬 더 컸을

늑대가 방향을 돌리려고 할 때마다 프랭크는 늑대를 한쪽으로 몰아붙였다.

텐데.

프랭크의 용맹스러움에 마음을 빼앗긴 나는 값은 얼마라도 좋으니 당장 녀석을 사겠다고 했다. 그러나 개 주인의 반응은 시큰둥했다.

"녀석의 새끼는 어때요?"

주인은 프랭크를 내놓을 생각이 전혀 없었기 때문에, 나는 녀석의 새끼라는 강아지를 사는 것으로 만족해야 했다. 그 강아지는 프랭크의 짝이 낳은 수놈이었다. 훌륭한 아비의 피를 물려받았다는 그 강아지는 온몸이 검은 털로 덮여 있고 포동포동해서 마치 긴 꼬리를 달고 있는 새끼곰 같았다. 하지만 녀석의 몸에도 프랭크의 털에 있는 황갈색 얼룩무늬가 있었다. 내 눈에는 그 무늬가 이 강아지도 언젠가는 프랭크만큼 훌륭한 개로 자랄 거라고 말해 주는 보증서로 보였다. 주둥이 언저리에 나 있는 하얀색 털도 그렇게 보였다.

강아지를 손에 넣었으니 이제 이름을 지어야 했다. 그러나 이름은 이미 정해진 거나 다름없었다. 동요 '빙고'의 노랫말이 내가 녀석을 처음 만날 때부터 내 마음을 떠나지 않았던 것이다. 녀석의 이름은 자연스럽게 '빙고'가 되었다.

2

빙고는 그해 겨울을 우리 오두막집에서 지냈다. 녀석은 뚱뚱한 데다가 뚱하니 붙임성도 없고, 일부러 그러는 건 아니지만 늘 사고를 쳤으며, 먹을 것에 목숨을 거는 통에 하루가 다르게 쑥쑥 자라 점점 더 볼썽사나운 모습이 되어 갔다. 쥐덫에 걸려 혼이 난 뒤에도 정신을 못 차리고 계속 덫에 코를 들이대기도 했다. 제 딴에는 고양이와 잘 지내 보자고 한 게 오해를 사서 결국 만나기만 하면 서로 으르렁대는 앙숙이 되기도 했다. 둘 사이의 팽팽한 긴장 관계는 어릴 때부터 의사 표현이 분명했던 빙고가 헛간으로 잠자리를 옮기고 오두막에는 얼씬도 하지 않으면서 끝이 났다.

봄이 되면서 나는 빙고를 제대로 교육하기로 했다. 나와 빙고가 엄청나게 고생한 끝에, 빙고는 드디어 너른 초원을 마음대로 돌아다니며 풀을 뜯고 있는 우리 집 늙은 암소를 찾아오라는 명령을 알아듣게 되었다.

자기가 할 일이 있다는 것을 깨달은 빙고는 그 일을 아주 좋아하게 되었다. 녀석에게 그 누런 암소를 데려오라는 명령보다 더 기분 좋은 일은 없는 듯했다. 명령만 떨어지면 빙고는 신이 나서 컹컹거리며 쏜살같이 달려 나갔다. 그러면서 중간중간 암소가 어디 있는지 확인하려고 힘껏 공중으로 뛰어오르곤 했다. 그리고 잠시 후면 전속력으로 암소를 앞세워 돌아오는 녀석을 볼 수 있었다. 숨이 턱에 차서 헐떡거리는 암소를 외양간으로 안전하게 몰아넣을 때까지 녀석은 잠시도 틈을 주지 않았다.

빙고가 조금만 쉬엄쉬엄 일하면 더 만족스러웠을 테지만, 그때까지는 우리도 그냥 그런가 보다 하고 내버려 두었다. 그런데 녀석은 하루 두 번 있는 소몰이를 너무 좋아한 나머지, 우리가 시키지 않는데도 늙은 암소 '던'을 몰아오기 시작했다. 그러다가 이 열성적인 목동이 제 책임을 다하겠다고 하루에만 열 몇 번씩 암소를 외양간으로 몰아오는 사태가 벌어졌다.

상황은 점점 더 심각해졌다. 녀석은 이제 운동을 하고 싶거나, 잠깐 짬이 나거나, 심지어는 문득 생각이 나기만 해도, 달리기 경주를 하듯 초원으로 달려 나가서 몇 분 만에 잔뜩 심통이 난 암소를 전속력으로 몰아오곤 했다.

처음에는 이런 일이 그렇게까지 큰 문제로 보이지는 않았다. 빙고 덕분에 암소가 너무 먼 곳까지 가 버리지 않았기 때문이다. 하지만 정도가 심해지자 암소는 제대로 풀을 뜯어 먹지도 못했고, 점점 살이 빠지고 젖도 덜 나왔다. 그 일이 암소의 마음을 짓누르는 것 같았다. 암소는 밉살맞은 그 개가 근처에 있지는 않은지 늘 초조한 눈길로 주위를 둘러보곤 했다. 아침이면 괜히 초원

으로 풀을 뜯으러 갔다가 금세 쫓겨 돌아올 게 겁나는지 외양간 주변만 서성거렸다.

도가 지나쳤던 것이다. 빙고의 열정을 누그러뜨리기 위해 온갖 노력을 기울였지만 모두 실패로 돌아갔다. 결국 그 일을 완전히 그만두게 하는 수밖에 없었다. 그 뒤로도 녀석은 암소를 몰아오는 것은 감히 엄두도 내지 못했지만, 소젖을 짜는 동안 외양간 문 앞에 누워 있는 것으로 계속 관심을 보였다.

여름이 되자 모기가 극성을 부렸다. 젖을 짜는 동안 던은 모기를 쫓으려고 계속 꼬리를 휘둘러 댔다. 젖을 짜는 사람 입장에서는 모기에 물리는 것보다 더 짜증스러운 일이었다.

젖 짜는 일은 성격이 급하고 기발한 생각을 잘하는 프레드 형이 맡고 있었다. 형은 소가 꼬리를 휘두르지 못하게 할 간단한 방법을 생각해 냈다. 암소 꼬리에 벽돌을 매단 것이다. 그러고는 이제 편해졌다며 태평스레 젖을 짜기 시작했다. 우리는 그 모습을 미심쩍은 눈길로 지켜보았다.

갑자기 모기 떼 사이에서 퍽 하는 소리가 나더니 형의 욕설이 터져 나왔다. 정작 암소는 아무 일 없다는 듯 한가로이 풀을 되새김질하고 있는데, 프레드 형은 귀를 감싸 쥔 채 벌떡 일어나 의자로 암소를 내리쳤다. 미련한 늙은 암소가 휘두른 벽돌에 귀를 맞은 것만으로도 화가 날 일인데, 구경꾼들이 큰 소리로 웃으며 놀려 대자 머리끝까지 화가 난 것이다.

그 왁자지껄한 소리를 자기가 필요하다는 뜻으로 오해한 빙고는 쏜살같이 외양간 안으로 뛰어들어 덤을 공격했다. 우유가 엎질러지고, 양동이와 의자가 찌그러지고, 암소와 개가 엄청 두들겨 맞은 뒤에야 소동이 가라앉았다.

가엾은 빙고는 그 상황을 도무지 이해할 수가 없었다. 녀석은 오래전부터 암소를 싫어했지만 이번 일로 완전히 정나미가 떨어져서 외양간 쪽은 쳐다보지도 않겠다고 결심했다. 그리고 그 뒤로는 말과 마구간에만 붙어살았다.

암소는 내 것이었고, 말들은 존 형의 것이었다. 빙고는 외양간에서 마구간으로 관심이 옮겨 가면서 나에 대한 충성심까지 거두어들인 것 같았다. 내게 장난을 치면서 놀자고 하는 일도 없어졌다. 그래도 급한 일이 생기면 빙고는 나를 찾았고 나도 녀석을 찾았다. 끈끈한 정으로 맺어진 우리 둘의 관계는 한평생을 갈 것 같았다.

빙고가 다시 소몰이 개가 될 기회를 얻은 것은 매년 가을 카베리 읍내에서 열리는 가축 품평회에서였다. 주최 측에서는 더 많은 가축을 참가시키기 위해 눈이 휘둥그레질 만한 경품들을 내걸었는데, 그중에는 '가장 잘 훈련받은 소몰이 개'라는 영예와 함께 주어질 '2달러'의 상금이 있었다.

나는 허풍선이 친구의 부추김을 받아 그 대회에 빙고를 참가시켰다. 심사가 있던 날 아침, 나는 암소를 마을 밖의 초원으로 몰고 갔다. 시간이 되자 나는 암소를 가리키며 빙고에게 소를 몰라고 명령을 내렸다. 물론 내가 있는 심판대 쪽으로 암소를 데려오라는 뜻이었다.

하지만 두 녀석은 그렇게 하지 않았다. 여름 내내 그 두 녀석이 연습한 것은 결코 헛되지 않았던 것이다. 빙고가 전속력으로 달려오는 모습을 본 던은 외양간으로 돌아가는 것만이 살 길이라고 느꼈다. 빙고 역시 자기가 평생토록 할 일은 암소를 외양간으로 모는 것뿐이라고 확신했다. 그래서 두 녀석은 마치 한 마리 사슴과 그 뒤를 쫓는 늑대처럼 초원 위를 내달리기 시작했다. 그리고 3킬로미터쯤 떨어져 있는 집을 향해 곧장 뛰어가더니 이내 눈앞에서 사라져 버렸다.

심사 위원들에게는 다시없는 구경거리였을 것이다. 상은 하나뿐이었던 다른 참가 팀에게 돌아갔다.

3

빙고는 말들에게 더할 나위 없이 충실했다. 낮에는 말들과 함께 뛰어다녔고, 밤이 되면 마구간 문가에서 잠을 잤다. 말들이

가는 곳이면 어디든지 따라갔으며, 무슨 일이 있어도 말들 곁에서 떨어지려 하지 않았다. 빙고가 말들에게 보인 강렬한 애착을 생각할 때, 그 뒤에 벌어진 상황은 더더욱 이상한 일이라고 할 수 있다.

나는 미신을 믿지 않았고, 그때까지 불길한 징조 같은 것에 대해서는 관심도 없었다. 그러나 빙고가 주인공이 되어 벌인 이상한 사건은 내 마음을 뒤흔들어 놓았다.

그때 우리 드윈턴 농장에는 존 형과 나 둘만 살고 있었다. 어느 날 아침, 형은 건초를 한 짐 실어 오겠다며 보기크리크로 출발했다. 다녀오는 데에만 꼬박 하루가 걸리는 길이라 형은 아침 일찍 출발해야 했다. 그런데 이상한 일이 일어났다. 빙고가 처음으로 말들을 따라나서지 않은 것이다. 빙고는 형이 부르는데도 멀찌감치 떨어져서 말들을 곁눈질할 뿐 꼼짝도 하지 않았다. 그러더니 갑자기 주둥이를 높이 치켜들고 음울한 울음소리를 길게 뽑아냈다. 녀석은 멀어져 가는 마차를 지켜보더니, 100미터쯤 그 뒤를 따라가면서 몇 번이나 애처로운 소리로 울었다. 그리고 그날은 종일토록 헛간 주위를 어슬렁거렸다.

녀석이 스스로 말들에게서 떨어진 것은 그때가 처음이자 마지막이었다. 이따금씩 녀석이 내는 울음소리는 마치 장송곡 같았다. 내 곁에는 아무도 없었고, 녀석의 그런 행동에 나는 뭔가 무시무시한 일이 일어날 것만 같은 불길한 예감에 사로잡혔다. 시간이 지날수록 내 마음은 점점 더 무거워졌다.

여섯 시쯤 되자, 나는 더 이상 빙고의 울음소리를 참을 수 없는 지경에 이르렀다. 별 뾰족한 수가 없었던 나는 빙고에게 물건을 집어 던지면서 어서 꺼지라고 소리 질렀다. 아, 바로 그 순간 나를 덮치던 등골이 서늘한 기분이란! 왜 형을 혼자 가게 내버려 두었을까? 형을 다시 볼 수 있을까? 빙고의 행동에서 뭔가 무서운 일이 일어나리라는 것을 눈치챌 수도 있었는데.

드디어 형이 돌아올 시간이 되었다. 존 형은 거기, 마차 가득 실린 건초 위에 앉아 있었다. 나는 말고삐를 받아 들면서 안도의 숨을 내쉬었다. 그리고 아무렇지도 않은 척 물었.

"괜찮았어?"

"응."

형은 짧게 대답했다.

이제는 누구든 불길한 징조 따위는 믿을 게 못 된다고 말할 수 있지 않을까?

그 일이 있고 한참 시간이 흐른 뒤에, 나는 점을 잘 치는 사람에게 그 이야기를 들려주었다. 그 사람은 심각한 표정으로 내게 물었다.

"당신이 위험에 처할 때마다 빙고가 당신에게 달려왔나요?"

"네."

"그렇다면 웃어넘길 일이 아닙니다. 그날 위험에 처했던 사람은 바로 당신이었어요. 그 개는 당신 곁에 남아서 당신의 생명을 구한 겁니다. 그게 어떤 위험이었는지는 알 수 없지만."

4

이듬해 이른 봄부터 나는 빙고를 교육하기 시작했다. 얼마 안 있어 빙고도 나를 가르치기 시작했다.

우리 오두막집과 카베리 읍내 사이의 3킬로미터 구간에는 초원이 펼쳐져 있었다. 그리고 그 중간쯤에는 농장의 경계를 표시하는 말뚝이 세워져 있었다. 나지막한 흙 둔덕에 세워 둔 튼튼한 말뚝은 멀리서도 잘 보였다.

오래 지나지 않아 나는 빙고가 신비한 기운이 감도는 그 말뚝을 그대로 지나치는 법이 없다는 것을 알게 되었다. 녀석은 언제나 그 말뚝을 자세히 살피곤 했다. 그 뒤 나는 근처에 사는 개들은 물론 코요테까지 그 말뚝을 찾아온다는 사실을 알게 되었다. 망원경으로 한참을 살펴본 끝에, 나는 결국 상황을 이해하고 빙고의 사생활을 낱낱이 엿볼 수 있었다.

그 말뚝은 개의 무리에 속하는 동물들이 합의해서 정한 알림판과 같았다. 특히 후각이 날카로운 갯과 동물들은 냄새만 맡고도 최근 누가 그 말뚝에 다녀갔는지 알 수 있었다. 눈이 내리자 훨씬 더 많은 사실이 드러났다. 나는 그 말뚝이 그 지역에 퍼져 있는 여러 알림판 가운데 하나라는 사실을 알게 되었다. 그 지역 전체에 이런 알림판들이 적당한 간격을 두고 세워져 있었던 것이다. 알림판은 눈에 잘 띄는 말뚝, 바위, 들소의 해골, 또는 우연히 어떤 장소의 특징이 된 물체들이었다. 잘 살펴보니 그 조직망은 소식을 주고받기에 더할 나위 없이 좋았다.

개와 늑대들은 길을 가다가 가까운 곳에 이런 알림판이 있으면 반드시 들러서 누가 다녀갔는지 알아보았다. 사람들이 멀리 나갔다 돌아오는 길에 마을 회관에 들러서 다녀간 사람들 명단을 살펴보는 것처럼.

나는 빙고가 말뚝에 다가가 쿵쿵거리면서 냄새를 맡고 그 주변의 땅을 찬찬히 조사하다가 으르렁거리며 목털을 곤두세우고, 눈을 번뜩이며 경계하는 듯한 태도로 땅을 뒷발로 세게 긁고는, 그래도 분이 안 풀리는지 자꾸만 뒤를 돌아보며 길을 가는 모습을 본 적이 있다. 해석하자면 이런 뜻이었다.

"그르릉! 늑대야, 늑대! 더러운 들개 녀석이 찾아온 거야. 늑대라구! 오늘 밤엔 늑대를 조심해야겠어! 늑대야, 늑대!"

또 어떤 때는 늘 하는 사전 조사를 끝낸 뒤, 코요테 발자국에

특별히 관심을 보이면서 혼잣말을 중얼거리기도 했다. 나는 나중에 그게 이런 뜻이라는 것을 알았다.

"북쪽에서 온 코요테 발자국이야. 죽은 소 냄새가 나는걸. 이런! 폴워스 씨의 늙은 소 브린들이 결국 죽은 모양이야. 조사해 봐야겠어."

어떤 때는 꼬리를 흔들면서 주변을 빠른 걸음으로 걷다가, 자기가 다녀간다는 것을 확실히 알리려는 듯 계속 말뚝까지 왔다 갔다 하기도 했다. 최근 브랜던에 다녀온 제 형 빌에게 소식을 전하려는 것 같았다! 결국 어느 날 밤 빙고의 집에 빌이 나타난 것은 우연이 아니었다. 형제는 언덕으로 가서 죽은 말고기로 다시 만난 것을 축하하는 잔치를 열었다.

새 소식에 갑자기 자극을 받아서, 더 많은 소식을 알아내려고 냄새 자국을 따라 다음 알림판까지 달려가는 일도 있었다.

때로는 조사를 마치고 뭔가 골똘히 생각하는 표정을 짓기도 했다.

"어럽쇼, 대체 어떤 놈이지?"

"음, 작년 여름 포티지에서 한 번 만난 녀석 같은데."

마치 이렇게 중얼거리는 것 같았다.

어느 날 아침, 빙고는 말뚝에 다가서자마자 온몸의 털을 곤두세우고 꼬리를 내린 채 벌벌 떨었다. 그러더니 갑자기 배가 아프

다는 몸짓을 했다. 겁이 난 게 분명했다. 녀석은 냄새 자국을 따라가지도, 사태를 더 파악하려고 하지도 않고 집으로 돌아왔다. 30분이 지난 뒤에도 녀석의 털은 여전히 곤두서 있었다. 녀석이 누군가를 증오하거나 두려워한다는 표시였다.

나는 그 발자국을 조사해 보고, 빙고가 반쯤 겁에 질려 나지막하게 목을 울리면서 "그르르 우프"라고 한 것이 '회색 늑대'라는 뜻임을 알게 되었다.

빙고는 내게 이 모든 것을 가르쳐 주었다. 그 뒤로 나는 마구간 문가의 서리 내린 잠자리에서 일어나 몸을 쭉 뻗은 다음, 덥수룩한 털에 쌓인 눈을 털어 내고 어둠 속으로 총총히 사라지는 녀석의 뒷모습을 볼 때마다 이런 생각을 했다.

'요 녀석! 난 네가 어디 가는지, 왜 집을 나가는지 다 안단다. 왜 이 시간만 되면 밤 나들이를 가는지, 또 원하는 것을 찾으려면 언제 어디로 가야 하는지, 어떻게 알아내는지 알고 있단다."

5

1884년 가을부터 우리는 드윈턴 농장의 오두막집을 사용하지 않았다. 그래서 빙고는 고든 라이트 영감네 외양간으로 잠자리를 옮겼다. 고든 영감은 우리와 가장 친하게 지내는 이웃이었다.

빙고는 어릴 때부터 천둥이 치면서 비가 쏟아질 때가 아니면 집 안으로 들어오려고 하지를 않았다. 녀석은 천둥소리와 총소리를 무척 두려워했다. 천둥에 대한 두려움은 필시 총에 대한 두려움에서 비롯되었을 것이다. 녀석이 사냥용 산탄총의 위력을 경험한 적이 있다는 뜻이다. 그 경험은 녀석의 밤 나들이와 관계가 있었다.

빙고의 잠자리는 외양간 밖에 있었고 몹시 추운 겨울날에도 그곳에서 잤다. 이런 상황에서 녀석은 밤의 자유를 정말 완벽하게 즐길 수 있었다. 빙고는 밤만 되면 초원을 몇 킬로미터나 돌아다녔다. 그 증거는 많았다. 아주 먼 곳에 사는 농부들이 고든 영감에게 개를 밤에 묶어 두지 않으면 총을 쏘겠다고 한 적도 있었다. 빙고가 총을 무서워하는 것을 보면 그 위협이 빈말은 아니었던 모양이다. 멀리 페트렐에 사는 사람이 어느 겨울밤 커다란 검은 늑대 한 마리가 눈 위에서 코요테를 죽이는 것을 보았다고 했다가, 나중에 "그건 분명 고든 영감네 개였어요."라고 말을 바꾼 적도 있었다. 강추위에 얼어 죽은 소나 말의 사체를 들판에 내다 버리면, 빙고는 그때마다 밤을 틈타 그곳으로 가서 코요테들을 쫓아 버리고 실컷 만찬을 즐겼다.

때로는 이렇게 밤 나들이를 하다가 다른 집 개를 다치게 하기도 했다. 보복의 위협도 있었지만, 빙고는 대가 끊길 걱정은 하지 않아도 될 것 같았다. 어떤 사람이 새끼 세 마리를 거느린 어미 코요테를 보았는데, 그 새끼들은 덩치가 아주 크고 검으며 주둥이 둘레에 흰 털이 나 있는 것만 빼면 어미를 쏙 빼닮았다고 했기 때문이다.

그 이야기가 정말인지는 확실하지 않지만, 나도 비슷한 경험을 한 적이 있다. 3월 말, 우리는 썰매로 움직이고 빙고가 그 뒤를 종종거리며 쫓아올 때였다. 갑자기 코요테 한 마리가 굴에서 튀어나왔다. 코요테는 도망을 치고 빙고는 열심히 그 뒤를 쫓았다. 그런데 그 코요테는 있는 힘을 다해 도망치지 않았다. 또한 빙고는 금세 코요테를 따라잡았는데, 둘은 이상하게도 맞붙어 싸우지를 않았다. 빙고는 코요테 옆에 바짝 붙어 가면서 그 코를 핥아 주기까지 했다.

우리는 깜짝 놀라 빙고에게 소리를 쳤다. 우리가 몇 차례 더 소리를 지르며 다가가자 코요테는 서둘러 달아났다. 빙고는 다시 코요테를 뒤쫓아 따라잡았지만, 녀석이 코요테에게 다정하게 군다는 것은 한눈에 알아볼 수 있었다.

돌아가는 사정을 파악한 내가 소리쳤다.

"코요테 암컷이에요. 빙고는 저 암컷을 해칠 생각이 없나 봐요."

고든 영감이 중얼거렸다.

빙고와 암코요테*

* 개와 코요테, 늑대는 서로 다른 종으로 분류하는 게 보통이지만, 개는 코요테, 늑대와 짝짓기를 하여 새끼를 낳을 수 있다. 개와 코요테 사이의 잡종을 코요도그라고도 한다.

"맙소사, 어떻게 이런 일이!"

우리가 부르자 빙고는 마지못해 따라왔다. 우리는 계속 썰매를 몰았다.

그 일이 있고 몇 주 동안 코요테가 닭을 죽이거나 돼지고기를 훔쳐 가는 일이 자꾸 일어나서 우리의 부아를 돋우었다. 어른들이 집을 비운 동안 코요테가 오두막의 창밖에서 얼쩡거리는 바람에 아이들이 겁을 먹은 적도 여러 번 있었다.

이 코요테에 대해서만은 빙고도 전혀 손을 쓸 수 없는 듯했다. 마침내 그 코요테 암컷이 죽임을 당했을 때, 빙고는 코요테를 죽인 올리버 영감에게 오래도록 적의를 나타내면서 제 속내를 드러냈다.

6

사람과 개가 한결같이 서로에게 정성을 다한다는 것은 놀랍고도 아름다운 일이다. 버틀러라는 사람이 북쪽 지역에 사는 어느 인디언 부족 이야기를 들려준 적이 있다. 언젠가 한 부족민이 기르던 개를 이웃 사람이 죽이고, 그 일로 서로 죽고 죽이는 싸움이 일어나 부족이 거의 전멸하다시피 했다는 것이다. 소송이나 싸움, 뿌리 깊은 반목은 어디에서나 늘 있을 수밖에 없다. 이 모든 일은 오래된 교훈을 되새기게 한다.

"나를 사랑한다면, 내 개도 사랑하라."

우리 이웃 한 명은 정말 멋진 사냥개를 가지고 있었다. 그는 자신의 개가 이 세상에서 가장 훌륭하고 사랑스럽다고 생각했다. 나는 그를 정말 좋아했고, 따라서 그의 개도 정말 좋아했다. 그러던 중 그의 개 탠이 가엾게도 온몸에 상처를 입은 채 집까지 기어 와서 문 앞에서 숨을 거두는 일이 벌어졌다. 나는 개 주인과 함께 복수를 다짐했다. 우리는 현상금을 걸고 증거를 모으는 등 기회가 있을 때마다 범인을 추적했다. 드디어 남쪽으로 떠난 세 사람 가운데 한 명이 그 끔찍한 사건과 관련이 있다는 이야기가 나왔다. 수사는 활기를 띠었고, 이제 곧 가엾은 늙은 탠을 죽인 비열한 자에게 정의의 심판을 내릴 수 있을 것 같았다.

그런데 그때 내 마음을 돌려놓는 사건이 있었다. 그 일로 나는 늙은 사냥개를 죽인 것이 절대로 용서할 수 없는 죄가 아니라, 어찌 보면 잘한 일이라고까지 생각하게 되었다.

우리 집 남쪽에 있는 고든 영감의 농장을 찾았을 때였다. 내가 범인을 쫓고 있다는 것을 알게 된 고든 영감의 아들이 나를 옆으로 데려가더니 조심스럽게 주위를 살피고는 침통한 목소리로 말했다.

"빙고 짓이에요."

그것으로 끝이었다. 나는 즉시 사건에서 손을 뗐다. 아니, 사실대로 말하면 그때까지 그토록 열렬히 추구하던 정의를 그 순간부터는 어떻게든 덮으려 했다.

벌써 오래전에 다른 사람에게 빙고를 주었건만, 내가 주인이라는 느낌은 사라지지 않았던 것이다. 그리고 얼마 뒤 빙고는 개와 사람 사이의 연대감이 얼마나 *끈끈한가*를 보여 주는 또 다른 사건의 주인공이 되었다.

고든 영감과 올리버 영감은 가까운 이웃이자 친구였다. 둘은 함께 나무를 하기로 약속하고 겨우내 해가 저물도록 사이좋게 일을 했다. 그때 올리버 영감의 늙은 말이 죽었다. 죽은 말을 최대한 이용하기로 마음먹은 올리버 영감은 말의 사체를 초원에 끌어다 놓고는, 그 주위에 늑대를 잡을 독 미끼를 놓아두었다. 아, 가엾은 녀석! 빙고는 늑대처럼 살다가 몇 번이나 늑대들이 겪는 불운을 겪었으면서도 다시 그 생활로 빠져들곤 했다.

녀석은 야생의 삶을 누리는 친척들과 마찬가지로 죽은 말고기를 좋아했다. 그날 밤, 빙고는 고든 영감의 개 컬리를 데리고 말의 사체가 있는 곳으로 갔다. 빙고는 늑대들의 접근을 막느라 바빴던 모양이다. 하지만 컬리는 말고기를 실컷 먹었다. 눈 위에 찍힌 발자국들이 그날 밤 녀석들이 벌인 잔치를 생생히 기록하고 있었다. 컬리는 온몸에 독 기운이 퍼지자 먹기를 중단하고 끔

컬리가 말고기를 먹는 동안 빙고는 주변을 살폈다.

찍한 고통에 겨워 비칠거리며 집으로 돌아왔다. 그러고는 고든 영감의 발밑에서 고통스러운 경련 속에 죽음을 맞았다.

"나를 사랑한다면, 내 개도 사랑하라."

고든 영감은 어떤 변명도 사과도 받아들이지 않았다. 단순한 사고였다고 설득해도 아무 소용이 없었다. 그러다가 빙고와 올리버 영감이 오래전부터 사이가 나빴다는 사실이 중요한 문제로 떠올랐다. 함께 나무를 베기로 한 계약도 깨지고, 오랜 우정도 깨어졌다. 컬리의 죽음으로 생긴 두 집안 사이의 반목은 지금까지도 계속되고 있다.

빙고가 독 기운에서 완전히 벗어나기까지는 여러 달이 걸렸다. 우리는 녀석이 다시는 예전의 강인한 모습으로 돌아가지 못할 거라고 생각했다. 하지만 이듬해 봄이 되자 녀석은 다시 기운을 차리기 시작했다. 초원의 풀이 자라는 동안 빙고의 몸은 점점 더 좋아졌고, 몇 주 더 지나자 녀석은 예전의 건강과 활력을 되찾았다. 그렇게 해서 녀석은 다시금 친구들의 자랑거리이자 이웃의 골칫거리가 되었다.

7

나는 이런저런 사정으로 매니토바를 떠나야 했다. 다른 곳에서 두 해를 보내고 1886년에 돌아와 보니 빙고는 여전히 고든 영감 집에 살고 있었다. 내가 없는 동안 녀석이 나를 완전히 잊었을 거라고 생각했는데, 그렇지가 않았다.

초겨울의 어느 날, 녀석은 이틀 동안 어디로 사라졌다가 한쪽 발이 늑대 덫에 걸린 채 고든 영감네 집까지 기어 왔다. 덫에는 묵직한 통나무가 매달려 있었고, 발은 돌덩이처럼 꽁꽁 얼어 있었다. 녀석이 어찌나 사납게 구는지 아무도 다가가 도와줄 수가 없었다. 녀석이 이제는 나를 낯설어할 거라고 생각하면서도 그대로 두고 볼 수가 없었다. 내가 몸을 굽혀 한 손으로는 덫을, 다른 한 손으로는 녀석의 다리를 붙잡은 순간, 녀석이 내 손목을 물었다.

나는 동요하지 않고 말했다.

"빙고, 나야. 모르겠어?"

빙고는 내가 다치지 않도록 바로 손목에서 입을 치웠다. 그리고 덫을 제거하는 동안 많이 낑낑거리기는 했지만 더 이상 저항하지 않았다. 집이 바뀌고 오랫동안 나를 보지 못했는데도 녀석은 나를 여전히 주인으로 여기고 있었다. 빙고의 소유권을 다른 사람에게 넘겨준 나 또한 빙고가 여전히 내 개라고 느꼈다.

우리는 빙고를 억지로 집 안에 들여서 꽁꽁 언 발을 녹여 주었다. 그 뒤 겨울이 다 지나도록 녀석은 다리를 절었고, 결국 발가

락 두 개를 잃고 말았다. 하지만 따뜻한 봄기운이 여물기도 전에 녀석은 건강과 체력을 완전히 되찾았다. 녀석에게서는 강철 덫에 걸린 무시무시한 일을 겪은 흔적을 쉽게 찾아볼 수 없었다.

8

그해 겨울 동안 나는 늑대와 여우를 많이 잡았다. 빙고만큼 운이 좋지 않아 덫에서 빠져나오지 못한 놈들이었다. 덫은 봄까지 그대로 놓아두기로 했다. 봄이 되면 모피의 상태는 나빠지지만, 두둑한 맹수 퇴치 보상금을 받을 수 있었기 때문이다.

케네디 평원은 예나 지금이나 덫을 놓기에 좋은 곳이었다. 인적이 드문 데다 울창한 숲과 마을 사이에 있었기 때문이다. 운이 좋았는지 나는 그곳에서 많은 모피를 얻을 수 있었다.

4월 말의 어느 날, 나는 말을 타고 늘 사냥하던 곳으로 갔다.

강철로 만든 늑대 덫에는 50킬로그램의 힘으로 죌 수 있는 용수철이 두 개씩 달려 있다. 나는 언제나 미끼를 땅에 묻은 다음 그 주위에 덫을 네 개씩 설치했다. 그리고 잘 숨겨 둔 통나무에 덫을 단단히 연결하고는, 눈에 띄지 않도록 그 위에 목화와 고운 모래를 잘 덮어서 일을 마무리했다.

코요테 한 마리가 한쪽 덫에 걸려 있었다. 나는 곤봉으로 코요

테를 죽인 다음 옆으로 밀어 놓고, 익숙한 솜씨로 다시 덫을 놓기 시작했다. 모든 일이 빠르게 진행되었다. 나는 덫을 설치할 때 쓰는 스패너를 조랑말 쪽으로 던져 놓았다. 근처에 고운 모래가 눈에 띄었다. 나는 일을 마무리하기 위해 모래 한 줌을 잡으려고 손을 뻗었다.

아차, 이런 실수를 하다니! 덫을 놓는 데에 너무 익숙해지다 보니 순간 방심을 했다. 다른 늑대 덫을 덮고 있는 모래에 손을 댄 것이다. 나는 순식간에 덫에 걸리고 말았다. 덫에 날카로운 이가 없어서 다행히 손을 다치지 않았고 두꺼운 작업용 장갑 덕분에 그다지 큰 충격을 받지는 않았지만, 손가락과 손바닥 사이의 관절 위쪽이 덫에 단단히 걸렸다. 그리 크게 겁먹을 정도는 아니었다.

나는 내 손을 덫에서 빼내 줄 스패너 쪽으로 오른발을 뻗어 보았다. 바닥에 엎드린 채 덫에 물린 팔을 가능한 한 똑바로 길게 유지하면서 온몸을 스패너 쪽으로 뻗었다. 스패너의 위치를 눈으로 확인할 수는 없었지만, 길게 뻗으면 발끝이 스패너에 닿을 것만 같았다.

첫 번째 시도는 실패로 돌아갔다. 덫에 걸린 상태에서 아무리 애를 써도 발가락에 금속이 닿는 느낌이 없었다. 덫을 중심으로 이리저리 발을 휘둘렀지만 아무것에도 닿지 않았다. 힘겹게 고

개를 돌려 살펴보니 내 몸이 너무 서쪽으로 치우쳐 있었다. 나는 몸을 다시 옆으로 움직이면서 스패너를 찾아 발가락으로 바닥을 더듬거렸다. 오른발로 무턱대고 스패너를 찾느라 왼발에는 신경을 쓸 겨를이 없었다. 갑자기 날카롭게 '철커덕' 하는 소리가 나더니, 세 번째 덫의 강철 턱이 내 왼발을 단단히 물었다.

처음에는 내가 얼마나 끔찍한 상황에 빠졌는지 실감이 나지 않았다. 하지만 아무리 발버둥쳐도 소용없다는 것을 곧 알게 되었다. 덫에서 빠져나갈 수도, 덫을 매달고 움직일 수도 없었다. 그냥 덫에 걸린 채 몸을 뻗고 있는 수밖에.

나는 이제 어떻게 되는 걸까? 날이 풀렸으니 얼어 죽을 염려는 없었지만, 케네디 평원은 겨울철에 오가는 나무꾼 말고는 인적을 찾기 힘든 곳이었다. 내가 여기 있다는 것을 아는 사람도 없었다. 스스로 덫에서 빠져나오지 못한다면, 늑대에게 잡아먹히거나 추위와 굶주림에 지쳐 죽어 갈 수밖에 없었다.

꼼짝없이 누워 있는 동안, 붉은 해가 평원 서쪽의 가문비나무 수풀 너머로 뉘엿뉘엿 기울었다. 몇 미터 떨어진 곳의 흙파는쥐가 만든 둔덕에서는 두뿔종다리 한 마리가 저녁 노래를 지저귀고 있었다. 바로 어젯밤 우리 오두막집 문가에서 들려오던 노랫소리였다. 팔을 타고 저릿저릿한 아픔이 밀려오고 싸늘한 냉기가 내 몸을 휩싸는 중에도, 나는 두뿔종다리 머리에 뿔처럼 난 깃털이 정말 길다는 것을 새삼 느꼈다.

그때 고든 영감네 오두막의 아늑한 저녁 식탁 풍경이 머리에 떠올랐다. 지금쯤 그 집 식구들은 저녁에 먹을 돼지고기를 튀기거나 식탁에 둘러앉아 있겠구나 하는 생각이 들었다.

조랑말은 굴레를 벗겨 바닥에 내려놓은 자리에 그대로 서서, 나를 태워 가려고 참을성 있게 기다리고 있었다. 조랑말은 일이 왜 이렇게 늦어지는지 알지 못했다. 내가 부르자, 녀석은 풀을 씹다 말고 무슨 일이냐는 듯 멀뚱멀뚱 바라보았다. 조랑말이 집으로 돌아만 간다면 빈 안장을 본 사람들이 위급한 상황을 눈치채고 도와주러 올 텐데. 녀석은 다른 것도 아닌 충성심 때문에 몇 시간 동안이나 가만히 기다리고 있었고, 나는 추위와 굶주림에 시달려야 했다.

그러다가 덫사냥꾼 지루 영감이 실종되었다가 이듬해 봄이 되어서야 곰덫에 발이 걸린 채 해골로 발견된 일이 문득 떠올랐다. 지금 몸에 걸친 것 중에서 내 신원을 알려 줄 수 있는 게 무엇일까 하는 생각도 했다. 그 순간 새로운 생각이 머리에 스쳤다. 늑대가 덫에 걸렸을 때 이런 기분이었겠구나. 아, 내가 지금까지 얼마나 끔찍한 일들을 저질렀단 말인가! 이제 그 대가를 치르는구나.

밤은 천천히 다가왔다. 조랑말은 길게 뽑아내는 코요테의 울

음소리를 듣고 귀를 쫑긋하더니 내게로 다가와 머리를 수그렸다. 그때 또 다른 코요테가 울고, 뒤를 이어 또 다른 코요테가 울었다. 코요테들이 모여들고 있다는 것을 알 수 있었다. 나는 꼼짝달싹 못하고 바닥에 엎드린 채, 당장이라도 코요테들이 다가와서 내 몸을 갈기갈기 찢어 놓는 건 아닌가 하고 두려움에 떨었다. 한동안 울음소리가 들려오더니, 희미한 그림자 같은 형체가 살금살금 다가오는 것이 느껴졌다. 나보다 앞서 코요테를 발견한 말이 공포에 질려 콧소리를 내자, 코요테들은 잠시 뒤로 물러났다. 하지만 다음번에는 더 가까이 다가와 빙 둘러앉았다.

잠시 후 그중에 용감한 놈이 천천히 기어 와서는 내가 치워 놓은 코요테의 사체를 끌어당겼다. 소리를 지르자 녀석은 으르렁거리며 뒤로 물러났다. 조랑말은 겁에 질려 멀리 달아났다. 잠시 뒤 코요테는 다시 돌아왔다. 그 뒤로도 물러났다 돌아오기를 두세 번 반복하던 녀석은 마침내 사체를 끌어갔고, 나머지 코요테들까지 달려들어 순식간에 먹어 치웠다.

식사를 끝낸 코요테들은 내 쪽으로 좀 더 가까이 몰려와 엉덩이를 깔고 앉아 나를 바라보았다. 가장 용감한 놈이 총에서 냄새를 맡고는 그 위에 흙을 끼얹었다. 내가 덫에 걸리지 않은 다리로 발길질을 하면서 소리치자 놈은 뒤로 물러났다. 그러나 내가 힘이 빠져 간다는 것을 눈치채고 그만큼 더 대담해진 놈은 이제 코앞까지 다가와 으르렁거렸다. 그 모습을 본 다른 코요테들도 으르렁거리며 다가왔다. 지금까지 가장 시시하다고 얕보던 놈들에게 잡아먹히는구나 하는 생각이 들었다.

바로 그 순간, 어둠 속에서 커다란 검은 늑대 한 마리가 으르렁거리며 뛰쳐나왔다. 코요테들은 사방으로 흩어졌다. 용감한 코요테 한 마리가 남았지만, 이내 검은 늑대에게 물려 바닥에 축 늘어지고 말았다. 오, 맙소사! 그 무시무시한 짐승이 이번에는 나를 향해 달려들었다. 그런데 다시 보니 그 무시무시한 검은 늑대는 빙고, 바로 빙고였다. 녀석은 숨이 턱에 닿아서는 털이 북슬북슬한 옆구리를 내 몸에 비벼 대며 차디찬 내 얼굴을 핥았다.

"빙고, 빙고, 착하지! 저기 스패너 좀 가져와!"

녀석은 내가 무언가 갖다달라고 한다는 것을 알고 총을 끌고 왔다.

"아니, 빙고. 스패너 말야!"

이번에 가져온 것은 어깨띠였다. 하지만 드디어는 스패너를 갖다주었고, 제대로 알아맞혔다는 것을 알고 기뻐서 꼬리를 흔들었다. 나는 덫에 걸리지 않은 손으로 고생 고생 끝에 암나사를 풀었다. 덫에서 풀려난 손은 자유를 되찾았고, 잠시 후 나는 완전한 자유의 몸이 되었다.

빙고는 조랑말을 데려왔다. 나는 몸에 피가 다시 잘 돌도록 잠시 천천히 걷다가 말에 올라탔다. 처음에는 천천히 말을 몰았지만 곧 속도를 내서 집으로 향했다. 빙고는 마치 왕의 사자처럼 앞장서서 달리며 큰 소리로 짖어 댔다.

집에 도착한 나는 그동안 무슨 일이 있었는지 알게 되었다. 빙고는 내가 덫을 놓는 곳에 데려간 적이 없는데도, 계속 낑낑거리며 나무꾼들이 다니는 길을 지켜보는 이상한 행동을 했다고 한다. 그러다가 밤이 되자 사람들이 말리는 것도 뿌리치고 어둠 속으로 뛰어나갔다. 그러고는 우리의 지각을 뛰어넘는 어떤 능력에 이끌려서, 문제의 장소에 때맞추어 나타나 나를 구하고 복수를 해 준 것이다.

충실한 늙은 개 빙고, 녀석은 묘한 구석이 있었다. 마음은 나와 함께 있었으나 이튿날 마주쳤을 때는 눈길 한 번 주지 않았다. 그러다가 고든 영감의 아들이 흙파는쥐를 잡으러 가자고 하자 선뜻 따라나섰다.

빙고는 끝까지 한결같았다. 녀석은 마지막까지 자신이 사랑하는, 늑대와 같은 야성의 삶을 살았다. 녀석은 얼어 죽은 말을 찾아내는 데 실패하는 법이 없었다. 그리고 찾아낸 말의 사체에 독이 들었다는 것도 모른 채, 다시금 마치 늑대처럼 허겁지겁 먹어 치웠다. 죽을 것 같은 고통 속에서 빙고가 찾아간 곳은 고든 영감의 집이 아니었다. 녀석은 내가 있을 거라 믿고 내 오두막집을 찾았다.

　이튿날, 집에 돌아온 나는 현관 문턱에 머리를 대고 눈 속에서 차갑게 식어 버린 빙고를 발견했다. 녀석이 강아지일 때 자주 드나들던 그 문이었다. 빙고는 진정 마지막 순간까지 나의 개였다. 숨이 다하는 모진 고통의 순간에 빙고가 간절히 바란 것은 내 도움이었다. 하지만…… 나는 그것을 주지 못했다.

시턴의 삶

E. T. S.

1860	8월 14일, 영국 더럼 주의 사우스실즈에서 태어났다.
1866	부모, 아홉 명의 형제들과 함께 캐나다 온타리오 주의 린지로 이주했다. 시턴은 86년의 생애 중 69년을 캐나다인으로 지냈다.
1870~1879	가족들이 캐나다 온타리오 주의 토론토로 이사했다. 후에 토론토의 계곡에서 겪은 젊은 시절의 모험담 『두 명의 어린 미개인』을 기록했다.
1876	16세 나이에 첫 번째 유화 「참매」를 그렸다. 시턴은 일생 동안 4천 점의 그림을 그렸다.
1879	토론토 예술 협회에서 주는 황금 메달을 받았다. 영국 런던에서 미술을 공부했다. 시턴의 작품을 심사한 영국 왕립 협회에서 2년 동안 장학금을 주었다. 시턴이 미성년자(당시 겨우 19세였다)였기 때문에, 대영 박물관 규정에 따라 평생 동안 대영 박물관 도서 자료를 이용할 수 있도록 허락받았다.
1882~1889	성장기의 대부분을 캐나다의 매니토바 주 카베리에서 동쪽으로 약 1킬로미터 떨어진 형제 아서의 농장에서 보냈다. 시턴은 이 시기를 『카베리의 모래 언덕과 가문비나무 숲』에 이어 『모래 언덕 사슴 추적기』라는 책에서 "황금 시기, 내 인생 최고의 날들"이라고 묘사했다. 북아메리카 원주민들과 처음으로 만났다.

두 살 때 부모와 함께.   14살 때의 모습.

1883	미국 뉴욕의 미술 학도 연맹에서 공부했다.
1884	프랑스 파리에서 미술을 공부했다.
1885	『센추리 백과사전』에 1천 점의 동물 그림을 그렸으며, 오듀본의 책들에 견주어 손색이 없는 프랭크 챔프슨의 『조류 안내서』 삽화를 그렸다.
1886	『매니토바의 포유류 목록』을 출간했다.
1890~1891	프랑스 파리의 쥘리앵 아카데미에서 미술을 공부했다.
1891	시턴의 작품 「잠자는 늑대」가 프랑스 파리 살롱의 특별관에 전시됐다.
1892	캐나다 매니토바 정부에서 시턴을 주(州) 정부의 동물학자로 임명했다. 시턴은 죽을 때까지 이 관직을 유지했다. 시턴의 『매니토바의 조류』와 『매니토바의 동물』은 오늘날까지도 존경받는 참고 문헌으로 남아 있다.
1893	미국 뉴멕시코 지역에서 '로보' 사냥을 벌였다. 로보는 약탈을 일삼는 영리한 늑대였는데, 뉴멕시코 지역에서는 무척 유명했던 덕분에 고유한 이름까지 얻게 되었다. 훗날 시턴은 늑대 발자국을 자신의 서명 일부로 사용했다. 캐나다 토박이 시인 존슨과 깊

1889년 가족 사진(뒷줄 가운데가 시턴).

고 오랜 우정도 이때부터 시작되었다.
작품 「늑대들의 승리」가 시카고 세계 박람회에 전시됐다. 늑대의 눈으로 바라본 자연 세계의 실제 모습을 그려 낸 이 그림은 상당한 논쟁을 불러일으켰다.

1894 「늑대왕 로보」가 미국의 주요 잡지 『스크라이브너』에 실렸다.

1896 첫 번째 저서 『동물 해부에 관한 연구』를 출판했다. 시턴은 42권의 책뿐만 아니라 수천 편의 기사를 쓰기도 했다.
미국 뉴욕 출신의 그레이스 갤러틴과 결혼했다. 갤러틴은 여행·탐험 저술가이자 선구적인 여성 참정권론자였다. 예술과 문학 후원자로 활동하며 기금을 마련해 주기도 했다.

1898 『아름답고 슬픈 야생 동물 이야기』가 출판되었다. 로보를 포함해 여러 동물의 이야기를 담은 이 책은 시턴이 가장 처음 선보인 책이며 가장 좋은 평가를 받은 책이기도 했다. 이 책은 한 번도 절판된 적이 없으며, 열두 나라 말로 번역되었다. 『정글 북』을 비롯한 많은 단편소설을 쓴 영국의 소설가 키플링은 시턴에게 보낸 편지에서, 『내가 아는 야생 동물』을 통해 『정글 북』을 구상하게 되었다고 말했다. 그 뒤를 이어 동물 이야기를 담은 『회색곰 왑의 삶』, 『쫓기는 동물들의 생애』, 『두 명의 어린 미개인』 등이 잇따라 나왔다. 동물학자이자 작가, 삽화가, 이야기꾼으로서 시

1903년, 시턴이 아이들에게 용감한 심장에 대해 이야기하고 있다.

턴의 명성은 전 세계로 빠르게 퍼져 나갔다. 그러나 저명한 동물학자 존 버로스는 또 다른 미국의 주요 잡지 『애틀랜틱』에서 시턴이 동물에게 자의식과 동기, 그리고 감정을 부여했다는 점을 공격했다. 나중에 그는 시턴의 빈틈없는 현장 관찰 증거를 인정하고 친구이자 동료가 되었다. 버로스는 "시턴은 모든 동물 이야기 작가들을 어둠 속으로 쉬 사라지게 만들었다."고 썼다.

1900 미국 코네티컷 주 코스콥의 윈디골로 이사했다.
강연을 늘렸다. 생전에 북아메리카와 유럽에서 6천여 회의 강연을 했다.

1902 우드크래프트(원래는 우드크래프트 인디언스)를 창설했다. 12명의 소년이 모인 이 '동아리'는 시턴이 코스콥에서 지내는 동안 주말과 여름 캠프 때 만나면서 규모가 점점 커졌다. 우드크래프트는 보이스카우트 운동의 선두주자였으며, 걸가이드·컵스카우트·기독교청년회(YMCA)와 캐나다·미국의 캠핑 협회에 큰 영향을 끼쳤다. 우드크래프트를 위해 해마다 개정되는 지침서 『자작나무 껍질 두루마리』도 펴내기 시작하여 1930년까지 28가지 판본이 출판되었다.

1904 딸 앤 시턴이 태어났다. 앤은 무척 사랑받는 역사 소설을 썼고, 「도깨비불」 등의 작품은 영화로 만들어지기도 했다.

1903년, 시턴이 불씨 내는 방법을 가르치고 있다.

1906	보이스카우트 운동을 발전시키기 위해 영국에서 배든 포얼을 만나 함께 일했다.
1907	노스웨스트테리토리스의 텔론 강을 포함하는 허드슨스베이 사의 북극 경로를 이용해 일곱 달 동안 북부 캐나다를 탐험하는 3천 2백 킬로미터의 카누 여행을 하고, 『북극의 대초원』을 썼다. 페리 제독과 에드먼드 힐러리 경처럼 소수의 최고참 탐험가들에게만 회원 자격을 주는 탐험가 모임의 회원이 되었다.
1908	미국 코네티컷 주의 그리니치로 이사했다. 이곳에서 우드크래프트의 주요한 실험이 이루어지고 규모가 확장되었다. 시턴은 그 후 우드크래프트 연맹이라 일컬었다.
1909	주요 작품인 『북부 동물들의 생애』를 두 판본으로 출판했다. 프랭크 챔프슨은 "오듀본이 조류를 위해 한 일을 시턴은 포유류를 위해 해 주었지만, 시턴이 더 나은 편이었다."고 말했다.
1910	미국 보이스카우트 협회 창립 위원회 의장이 되었다. 첫 번째 보이스카우트 지침서를 썼다.
1910~1915	미국 보이스카우트 협회 회장이 되었다.
1912	체코슬로바키아 우드크래프트 연맹이 설립되었다. 『시턴의 숲』이 출판되었다.

1911년, 시턴이 세계 최초의 보이스카우트 건물에 초석을 놓고 있다.

1916	영국에 숲살이기사단이 창설되었다. 그 후 수년에 걸쳐 다른 연맹들이 벨기에·프랑스·캐나다·폴란드·독일·헝가리·소련·아일랜드·유고슬라비아에 설립되었다.
1917	미국 우드크래프트 연맹이 통합되고 우드크래프트 회장이 되었다. 원주민 인디언 수족(Sioux)에게서 '검은 늑대'라는 이름을 받았다. 시턴은 이 이름을 자신의 원래 이름보다 더 좋아했다. 우드크래프트의 생각과 실천에 관한 부정기 소식지 『토템 보드』를 처음으로 발간했다.
1918~1925	주요한 과학적 연구와 저술 작업인 『사냥감들의 삶』을 1천 5백 점의 삽화를 곁들여 네 권으로 출간했다.
1924	매니토바의 카베리를 마지막으로 방문했다.
1926	미국 보이스카우트 협회에서 그해에 처음으로 제정한 상인 '은빛 물소 상'을 받았다.
1927	수족 인디언, 푸에블로 인디언들과 함께 지내며 연구하기 위해

1923년, 시턴의 동상.

	여행을 떠났다. 시턴의 일생에 걸쳐 아메리카 선주민족의 문화·전통에 대한 평가와 지원은 계속되었다. 『인디언 송가』를 썼다.
1928	『사냥감들의 삶』의 중요성을 인정받아 미국 국립 과학 연구소로부터 국제적으로 잘 알려진 '존 버로스 메달'을 받았다. 또한 이 책은 동물학 분야에서 탁월한 저작임을 인정받아 미국 자연사 박물관에서 주는 '대니얼 지로 엘리엇 메달'을 받았다.
	우드크래프트 활동에서 큰 영향을 받은 미국 컵스카우트 협회 창립에 핵심적인 역할을 했다.
1930	미국의 47번째 주인 뉴멕시코의 샌타페이로 이사했다. 시턴 성을 설계하고 건축했다. 레크리에이션 협회 지도자들을 위한 훈련 캠프로서 북아메리카 인디언의 전통 생활 방식에 기반을 둔 '시턴 인디언 연구소'를 설립했다.
	70세의 나이로 미합중국 시민권을 얻었다. 여행, 연구 지도, 저술, 강연, 우드크래프트 장려 사업을 계속했다.
1935	그레이스 갤러틴과 이혼하고, 1월 22일 미국 텍사스 주의 엘패소에서 줄리아 모스 버트리(줄리아 시턴)와 결혼했다. 줄리아 시턴은 뉴욕 헌터 칼리지의 강사이자 원주민 예술, 공예, 음악 등

어니스트 톰프슨 시턴과 아내 줄리아 시턴.

	에 관해 글을 쓰는 작가였다. 줄리아 시턴이 쓴 책으로는 『아메리카 인디언 예술』, 『삶의 방식』 들이 있다.
1936	영국과 독일·체코슬로바키아를 포함한 유럽 대륙으로 긴 강연회를 떠났다(시턴은 이곳에서 우드크래프트 연맹도 방문했다). 이것은 해외로 떠난 여섯 차례의 강연회 가운데 하나였다.
1939	『물소의 바람』을 출간했다. 세련되고 시적인 이 얇은 책은, 인디언들의 삶을 알려야 한다는 시턴 자신의 마음의 소리를 뛰어난 상상력으로 묘사했다.
1940	자서전 『야생의 순례자 시턴』을 펴냈다.
1945	마지막 책 『산타나, 프랑스의 영웅견』을 펴냈다. 마지막 그림을 그렸다.
1946	생일인 8월 14일, 뉴멕시코 대학에서 마지막 강연을 했다. 10월 13일, 뉴멕시코 주 샌타페이의 시턴 성에서 86세의 나이로 숨을 거두었다.

옮긴이의 말

나는 되도록이면 자주 산에 오르거나 개천을 따라 난 길을 걸으려고 합니다. 또 그렇게 자주 할 수 있는 일은 아니지만, 눈 덮인 들판에 나서거나 바닷가에 나가 온몸과 온 마음으로 바람 맞기를 참 좋아합니다. 그럴 때마다 내 몸이 살아 있다는 것을 생생히 느끼기 때문이지요.

어떤 느낌이냐 하면, 냉장고 안에서 보름 동안 굴러다니면서 쭈글쭈글 주름이 잡힌 방울토마토 같던 내 눈알이 다시 탱글탱글해지는 것 같은 느낌이지요. 내 머리뼈 속 뇌 표면에 잡힌 주름 사이사이로 버스럭거리며 굴러다니던 모래알이 말끔히 사라지는 것 같은 느낌이기도 합니다. 사람의 몸과 마음은 따로 떨어진 게 아니어서인지, 그럴 때마다 마음도 생기를 되찾습니다.

어느 위대한 과학자는 인간에게는 생명 또는 자연에 이끌리는 본성이 있다고 했습니다. 살면서 정말 그렇다고 자꾸만 고개를 끄덕이게 됩니다. 우리가 생명, 자연에 끌리는 건 우리 몸이 계속 인공물에 둘러싸여서 살도록 만들어지지 않았기 때문일 것입니다.

우리는 엄마 배에서 나온 뒤 매일 숨 쉬고 먹고 마시고 배설하고 느끼고 움직이고 머리를 쓰고 아프기도 하고 낫기도 하면서 지금의 몸을 갖게 되었습니다. 그래서 우리 각자의 몸은 저마다 살아온 만큼의 역사를 품었지요.

하지만 우리 인간이라는 생물 종을 만들어 준 설계도는 역사가 더 깁니다. 거기엔 수십억 년 동안 지구 생물들이 살아온 내력이 담겨 있지요. 그리고 사람만의 고유한 특징은 지난 수백만 년 동안 우리 조상들이 변해 가는 환경 속에서 살아남으려고 치열하게 싸워 오면서 하나하나 얻어 낸 것입니다. 우리 조상은 숲 속과 벌판을 헤매면서 사냥하고 채집하고 목숨을 노리는 적에 맞서 싸우면서 지금의 우리 몸을 만들었습니다.

요즘 어른 아이 할 것 없이 마음에 병이 든 사람이 많다는 이야기가 들립니다. 주위를 둘러보아도 몇십 년 전에 견주어 밥 굶는 사람은 크게 줄었지만, 행복한 사람이 그만큼 늘어난 것 같지는 않습니다. 교실에, 사무실에, 작업장에 묶여 있는 현대인의 생활이 우리의 몸과 마음과 어울리지 않아서 그런 것은 아닐까요?

우리 몸과 마음은 자연과 자꾸 접촉해야 튼튼해집니다. 무슨 이야기를 하고 싶으냐고요? 텔레비전을 끄고, 컴퓨터를 끄고, 책도 덮고 그냥 밖으로 좀 돌아다니라는 이야기입니다. 텃밭을 가꾸는 것도 정말 좋은 일입니다. 우리는 부모님, 선생님, 친구에게도 배우고 책, 텔레비전, 인터넷에서도 배웁니다. 하지만 산과 강, 바다, 들판, 개천, 식물과 동물에게서, 그냥 자연 그 자체에서 배워야 할 것은 따로 있습니다.

시턴을 가르친 것은 바로 자연이었습니다. 시턴은 예닐곱 살부터 숲 속의 집 한쪽 구석에 있는 커다란 작업실에서 일곱 형, 두 동생과 나무, 가죽, 유리, 금속 다루는 법을 배우며 일하고 놀았습니다. 가로톱과 세로톱, 송곳, 작은 손도끼, 나무 벨 때 쓰는 도끼와 장작 팰 때 쓰는 도끼, 대패와 막대패 사용법도 배웠습니다. 그들은 "4년 동안 우리 형제 가운데 한 명도 다치지 않은 날이 하루도 없었다."고 할 만큼 위험한 연장들을 사용해 여러 가지 물건을 만들었습니다. 젖소를 한 마리씩 맡아 기르면서 농장 일을 거들다가 사나운 염소에 쫓겨 목숨을 잃을 뻔하기도 했습니다.

보이는 거라곤 울창한 숲뿐인 미개척 삼림지에서 강인하게 자라난 시턴은 호숫가의 대도시 토론토로 이사해서 10대를 보냈습니다. 그는 그곳에서도 틈만 나면 사람들의 발길이 닿지 않는 계곡을 찾았습니다. 혼자 힘으로 통나무집을 짓고 토요일마다 그곳에서 자연인의 삶을 즐기기도 했습니다. 그런데 부랑자들이 그 오두막을 빼앗자 시턴은 절망에 빠져 공부에만 매달렸습니다. 토요일 나들이도 그만두고 공부에만 몰두하다가 폐에 병이 들어 사경을 헤맨 끝에 겨우 살아나기도 했지요.

시턴은 도시에 살면서도 동물 관찰하는 일을 멈추지 않았습니다. 새를 특히 좋아한 시턴은 새에 관해 더 많이 알고 싶다는 열망에 사로잡혀 새총으로 많은 새들을 잡았습니다. 그러던 어느 날, 시턴은 기쁨에 겨운 소리로 지저귀며 즐겁게 날아다니는 물총새 한 마리를 잡았습니다. 그러고는 물총새를 해부해서 몸의 구조를 조사하다가

새의 간에서 살아 있는 벌레를 발견했습니다. 그 벌레는 물총새의 간을 이미 꽤 많이 먹어 치운 상태였습니다. 시턴은 기쁨에 겨워 즐거이 봄노래를 부르는 것처럼 보이던 새가 실제로는 참을 수 없는 고통에 시달리고 있었다는 사실을 알게 되었지요. 그때 시턴은 평생 잊지 못할 교훈을 얻었습니다. 야생의 생물도 슬픔과 고통을 느끼지만 사람들은 그 사실을 모른다는 것을.

열여섯 어린 나이의 이런 깨달음이 시턴을 한평생 흔들리지 않는 자연인으로 살게 했을 것입니다. 시턴의 동물 이야기들은 참 재미있습니다. 하지만 이 책을 번역하면서 그 이야기들이 단순히 재미있는 이야기로만 다가오지 않았습니다.

사냥꾼이자 박물학자로, 화가이자 작가로, 인디언 문화 운동가이자 청소년 자연학습 지도자로 끊임없이 도전하는 삶을 살면서 자연을 사랑하는 마음의 끈을 잠시도 놓지 않았던 시턴. 그의 동물 이야기들은 시턴의 삶 그 자체입니다. 그의 숨결이 짙게 배어 있는 이야기들을 가려서 두 권의 책으로 묶었습니다. 오늘 이 땅에 사는 많은 어린이와 청년들이 이 책에서 시턴의 삶을 만나기를 소망합니다.

2009년 겨울
윤소영

시턴 동물 이야기 ❶

2010년 1월 7일 1판 1쇄
2013년 8월 31일 1판 2쇄

글쓴이·그린이 : 어니스트 톰프슨 시턴
옮긴이 : 윤소영

편집 : 최일주, 이혜정, 김언수
디자인 : 권소연
제작 : 박흥기
마케팅 : 이병규, 최영미, 양현범, 정은숙

출력 : 한국커뮤니케이션
인쇄 : 코리아피앤피
제책 : 경원문화사

펴낸이 : 강맑실
펴낸곳 : (주)사계절출판사
등록 : 제 406-2003-034호
주소 : (우)413-756 경기도 파주시 문발동 파주출판도시 513-3
전화 : 031)955-8588, 8558
전송 : 마케팅부 031)955-8595 | 편집부 031)955-8596
홈페이지 : www.sakyejul.co.kr | 전자우편 : skj@sakyejul.co.kr
독자 카페 : 사계절 책 향기가 나는 집 cafe.naver.com/sakyejul
페이스북 : facebook.com/sakyejul | 트위터 : twitter.com/sakyejul

값은 뒤표지에 적혀 있습니다. 잘못 만든 책은 구입하신 서점에서 바꾸어 드립니다.
사계절출판사는 성장의 의미를 생각합니다. 사계절출판사는 독자 여러분의 의견에 늘 귀 기울이고 있습니다.
이 책은 저작권법에 따라 보호받는 저작물이므로 무단전재와 무단복제를 금합니다.

ISBN 978-89-5828-430-7 73000